Staats- und socialwissenschaftliche Forschungen

herausgegeben

von

Gustav Schmoller.

Neunzehnter Band. Drittes Heft.

(Der ganzen Reihe vierundachtzigstes Heft.)

F. Tezner: Technik und Geist des ständisch-monarchischen Staatsrechts.

Leipzig,
Verlag von Duncker & Humblot.
1901.

Technik und Geist

des

ständisch-monarchischen Staatsrechts.

Von

Friedrich Tezner.

Leipzig,
Verlag von Duncker & Humblot.
1901.

Alle Rechte vorbehalten.

Inhaltsverzeichnis.

I.

Stellung der Staatsrechtswissenschaft und der modernsten historischen Forschung zum monarchisch-ständischen Staatsrecht. Begrenzung des Gegenstandes. Die Bedeutung des Staatentypus als eines stilisierten Konstruktionsbildes, eines Idealtypus S. 1 f.

II.

Rascher, der Änderung der Machtverhältnisse folgender Wechsel des ständisch-monarchischen Verfassungsrechts innerhalb kurzer Zeiträume S. 3 ff. — Über die revisionelle, der Entwicklung des Ständerechts abträgliche Wirkung der Bestätigung oder Beschwörung dieses Rechtes bei jedem Regierungsantritte S. 8 ff.

III.

Das ständisch-monarchische Staatsrecht bringt es zu keiner Ausbildung des reichsrechtlichen Satzes von 1231: ut neque principis, neque alii quilibet constitutiones et nova jura facere possint, nisi meliorum et majorum terrae consensus primitus habeatur. Das Verhältnis des Anteils des Herrschers und der Stände an der mafsgebenden Bestimmung der staatlichen Angelegenheiten läfst eine Feststellung mittels der modernen Begriffe: Gesetzgebung und Verordnung, nicht zu. Die Stände wollen einerseits überall, andererseits nur dort mitreden, wo sie interessiert sind. Mittels der Regalitätstheorie werden sie, wenn es die politischen Verhältnisse gestatten, auf die jura regni verwiesen, jenseits welcher die dem Herrscher zur alleinigen Ausübung zustehenden jura regia liegen S. 10 ff. — Die technische und politische Unvollkommenheit der jura regni sowie die Arbeitsunlust der Stände ermöglicht bedeutsame organisatorische und staatsrechtliche Veränderungen durch einseitigen Akt des Monarchen sowie eine einseitige materielle Gesetzgebung derselben fast auf allen staatlichen Gebieten S. 14 ff. — Meistens schliefsen, und zwar mit verschiedenem Erfolge, die Bitten und Beschwerden der Stände an perfekte und bereits in Wirksamkeit getretene einseitige monarchische Akte erst an und die darauf erfolgende Erledigung des Monarchen, wird, so wie sie lautet, also auch, wenn sie eine Ablehnung enthält, als mafsgebender Reichsabschied verlautbart. Eine Beschlufsform, welche zum Ausdruck bringen würde, dafs für die Wirksamkeit des Beschlufsinhalts die vorgängige Zustimmung, das primitus consentire der Stände erforderlich sei, und welche hierdurch eine Scheidung zwischen verfassungsmäfsig notwendiger Mitwirkung der Stände und monarchischer Prärogative ermöglichen würde, bildet sich nicht aus. Das unter ständischer Mitwirkung entstandene Recht hat keinen Vorrang vor dem in anderer Form entstandenen S. 23 ff.

IV.

Ein souveränes Alleingesetzgebungsrecht der Stände in Landesangelegenheiten besteht von dem Zeitpunkte der Beseitigung der ständischen Selbstversammlung, also spätestens im 16. Jahrhunderte, nicht. Auch solche Landtagsschlüsse, die als Landtagsgesetze hinausgehen, kommen unter der Autorität der Krone zustande. Um die gleiche Zeit ist der Höhepunkt korporativer Autonomie innerhalb der staatsähnlichen Gemeinwesen bereits überschritten S 31 ff.

V.

Das Überwuchern des auf monarchische Verleihungsakte oder auf Herkommen zurückgeführten, vom Gemeininteresse absehenden, die staatliche Entwicklung hemmenden Privilegialrechts über die abstrakte Rechtsnorm im Ständestaate hat zur Folge, dafs sich die im 13. Jahrhunderte ausgebildete kanonistische und deutschrechtliche Lehre von der Revisibilität des Privilegiums und von den Bedingungen eines rechtlich verbindlichen Herkommens der rechtlichen Prätentionen der Stände auf bedeutsamen Rechtsgebieten spätestens um die Wende des 15. Jahrhunderts in wirksamer Weise bemächtigt S. 35 ff. — Besonders folgenschwer für die Entwicklung des kontinentalen monarchischen Ständestaats erweist sich die Lehre von der Unwirksamkeit des mit den jura, der dignitas Majestatis unvereinbaren Privilegiums und Herkommens und die Erstreckung dieser Lehre auf jedes Herkommen und Privileg, durch welches die Befugnis des Herrschers zur Organisation von Behörden (für die Ausübung seiner nicht oder unvollkommen abgegrenzten Kompetenzen) sowie das Regal der Appellation eingeschränkt werden könnte. Die erfolgreiche Behauptung dieser Lehre verschafft dem Herrscher die mafsgebende Bestimmung der gerichtlichen sowie der Verwaltungspraxis im weitesten Umfange und vermittelt die Reception des römischen Rechts im Widerspruche mit den gegen dasselbe gerichteten ständischen Beschwerden S. 41 ff. — Da der Ständestaat vom 16. Jahrhundert an einer Organisation für eine königlichem Einflufs entzogene, mafsgebende Feststellung von Herkommen und Gewohnheit, und damit einer unmittelbaren Garantie seines Rechtes entbehrt, so giebt für die Gestaltung und die Ausdehnung der jura regia die Machtlage allein den Ausschlag, womit sich die heftigen Schwankungen im ständischen Staatsrecht und die eigentümliche Erscheinung der Repetitionen und Renovationen erklären S. 49 ff. — Die ganze Entwicklung wird dadurch in hohem Grade gefördert, dafs um die angegebene Zeit die einzelnen ständischen Gruppen innerhalb desselben Territoriums oder unter demselben Herrscher vereinigte, verschiedenen Territorien angehörige ständische Kurien im wechselseitigen Kampfe gegen ihre politischen Ansprüche den Herrscher um Geltendmachung der revisionellen kanonistischen-deutschrechtlichen Lehre gegen einander angehen S. 53 ff.

VI.

Dem Vergleiche der Landstände oder der Landschaft mit der modernen, mit Persönlichkeit ausgestatteten Korporation oder mit der Zwangsgenossenschaft ist der Vorbehalt beizufügen, dafs die Elemente sowohl der Korporation als auch der Zwangsgenossenschaft sehr rudimentär entwickelt sind. Ganz besonders im Anfang der Entwicklung richtet sich die Entscheidung über den Umfang der zur Erledigung der

Landessachen Berufenen oder Mitberufenen danach allein, wessen Mitwirkung einem vom Lande oder vom Landesherrn ausgehenden Akte die erforderliche Autorität zu sichern vermöge. Damit erklärt sich das Schwanken der Zahl der landtagsfähigen socialen Gruppen einerseits, der rasche Wechsel in der Gestaltung der einzelnen Kurien andererseits. Aber selbst noch in vorgerückter Zeit fehlt es an einer festen Berufungsordnung, an wirksamen organisatorischen Bestimmungen und an einer allseits anerkannten Geschäftsordnung sowohl für die Formen der Thätigkeit innerhalb der Kurien als auch für das Zusammenwirken aller Kurien zu einem allseits verbindlichen Landtagsschlufs. **Noch nach dem dreifsigjährigen Kriege kann von einer unbestrittenen Geltung des Grundsatzes der Verpflichtung des Abwesenden durch Beschlüsse der Anwesenden namentlich gegenüber mächtigen Landständen nicht gesprochen werden** und deshalb kommen noch um diese Zeit wirksame Secessionen und Abstinenzen vor, welche unter anderem auch auf Sonderprivilegien der Widerstrebenden gestützt werden. Darum ist die Landschaft nicht selten genötigt, für die Bewährung der Autorität ihrer Beschlüsse die Macht der Krone anzurufen. Auch ist das Gefühl der Sonderung der einzelnen Gruppen einander gegenüber ungleich stärker als das ihrer Zusammengehörigkeit und Einheit. Das Wesen der Landschaft wird deshalb durch die Bedachtnahme auf die jeweilige Gestaltung der Machtverhältnisse besser begriffen als mittels der juristischen Kategorien der Korporation, der Zwangsgenossenschaft, des Rechtssubjekts S. 56 ff.

VII.

Von der ständischer Bewilligung unterliegenden Steuer sind die Vorstellungen, welche der modernen Staatssteuer zu Grunde liegen, möglichst fernzuhalten. Der kontinentale Ständestaat vermag den inneren Widerspruch nicht zu überwinden, dafs die Steuer eine freiwillige Gabe des Landes an den Fürsten ist und dafs doch wieder ihre Forderung durch Berufung auf die Not oder den gemeinen Nutzen des Landes gerechtfertigt erscheint S. 62 f. — Der freie Wille ist nicht bei allen Ständen zu finden. Deshalb und wegen der bereits besprochenen Begrenztheit der Macht der Landschaft hat der ständische Steuerbewilligungsschlufs nicht die gleiche Kraft wie ein gleicher Beschlufs eines modernen Parlaments. Trotz des Beschlusses müssen häufig vor wie nach dem dreifsigjährigen Kriege Sonderverhandlungen mit einzelnen Kurien, ja mit einzelnen Ständen geführt werden, welche zu abweichenden Ergebnissen führen S. 63 f. — Übrigens fehlt es auch an einer scharfen Sonderung der historischen, **rechtlich gebotenen, unmittelbaren Abgaben an die Kammer von den der Bewilligung bedürftigen Steuern** S. 64 f. — Königliches oder landesfürstliches Postulat einerseits, Annahme der ständischen Darbietung andererseits sind im monarchisch-ständischen Staat konstitutive Voraussetzungen für die Wirksamkeit einer Steuerbewilligung. **Steuern werden dem Herrn nicht, aber dem Lande gereicht** S. 65 ff.

VIII.

Der Ständestaat ruht auf der Vorstellung, dafs der grofsen Masse des Volks das Recht auf Erledigung oder Miterledigung der Landesangelegenheiten, auf staatliche Selbstbestimmung abgehe, und dafs der Kreis der so Berechtigten über die Stände nicht hinausreiche. Diese betrachten sich deshalb nicht als Vertreter in der Ausübung eines primär dem Volke zukommenden Rechtes zur Bestimmung des Landes, sondern sie wollen für sich allein das Land darstellen, soweit das Land für sich allein oder zusammen mit dem Herrscher seine Angelegenheit besorgt. Sie bezeichnen sich deshalb zuweilen selbst als das dem Fürsten gegenüberstehende Volk oder als Nation. Das Verhältnis der Stände zum Gesamtvolke ist also nicht als Stellvertretung, sondern gleich wie jenes der Krone als Herrschafts- oder Überordnungsverhältnis gedacht S. 69 ff. — Aus der Auffassung, dafs die Stände nicht Vertreter des Landes, sondern das Land selbst sind, wächst die sogen. Verwirkungstheorie heraus S. 75. — Wegen der scharfen rechtlichen Sonderung der Stände untereinander und gegenüber der politisch rechtlosen Masse des Volks, wegen der Einschiebung der feudalen Ordnung zwischen den Herrscher und diese rechtlose Masse erweist sich die ständische Staatsordnung für die Übertragung organischer Vorstellungen wenig geeignet S. 76 f. — Die Stelle der modernen allgemeinen bürgerlichen Rechte als Grundrechte nehmen im ständischen Staat die ständischen Sonder- oder Vorrechte oder Privilegien ein. Sie sind teils politischer, teils socialer, teils wirtschaftlicher Natur. Diese Vorrechte werden von den Ständen ungleich eifersüchtiger gewahrt als das Recht zur Beratung der Landesangelegenheiten und als die Aufrechthaltung der Sonderung der landesfürstlichen Gewalt über das eine Territorium von jener über andere Territorien. Namentlich betrachten die höheren Stände die auf der Unfreiheit des Bauern ruhende Agrar- und Steuerverfassung als ihre Lebensbedingung. Darum stellt sich der Ständestaat feindlich gegen den Gedanken der allgemeinen oder Volksfreiheit S 77 ff.

IX.

Die Schlagworte „Dualismus" und „staatliche Renaissance" reichen für das Verständnis des Wesens des monarchischen Ständestaats nicht aus. Zunächst erscheint es geboten, mit aller Schärfe den Gegensatz des durch die Vorstellung von der Persönlichkeit des Staates beherrschten Dualismus des konstitutionell-monarchischen Staates und jenes des ständisch-monarchischen Staates hervorzuheben, welch letzterer auf patrimonialen Vorstellungen wurzelt und zur Zerteilung des Staates zwischen Herrscher und Ständen führt. Die Teilstücke selbst entbehren der sicheren Begrenzung, ihre Gröfse entspricht dem jeweiligen Machtverhältnisse zwischen den um den Anteil am Staate Ringenden, wobei gerade das Streben der Stände die Rücksicht auf das Gemeininteresse nur in kümmerlicher Weise walten läfst. Weil nun zuweilen ein ganz bedeutsames Teilstück des Staates in den Händen des Herrschers bleibt und von demselben patrimonialrechtlich behandelt wird, kann man nicht sagen, dafs die Stände zu allen staatlichen Akten bedeutsamer Natur mitgewirkt hätten. Zur Vorstellung des abstrakten, von den ihn subsistierenden Individuen abgelösten Staates schwingen sich aber weder Herrscher noch Stände, weder vor noch nach dem dreifsigjährigen Kriege auf. Andererseits ist nur die Beziehung von Herrscher und Ständen zu ihren Kompetenzen patrimonialrechtlich gedacht, wogegen der Inhalt dieser Kompetenzen vor wie nach dem dreifsigjährigen Kriege socialethische, dem antiken Staate fremde Ideen aufweist. Weil aber, was den Reichtum an solchen Ideen, was ihre Universalität, was endlich die Technik für ihre praktische Verwirklichung betrifft, die Kompetenzen des Herrschers jene der Stände weit überragen, deshalb darf man die Wurzeln der ständischen Macht nicht in dem Dualismus suchen, vielmehr liegt in der Art und Weise, wie die Stände auf der von ihnen behaupteten Staatsparzelle gehaust haben, der Grund für ihren politischen Verfall S. 84 ff. — Hiervon abgesehen, erfährt die Einwirkung des Dualismus auf die Stellung des Herrschers mindestens vom Ausgange des 15. Jahrhunderts an eine nicht unerhebliche Abschwächung durch die zum Atomismus führende Zerklüftung zwischen den Ständen selbst und durch die hierdurch geförderte ständische Auffassung von der Universalität der Pflicht des Herrschers zur Rechtsbewahrung, welche bald von der Landschaft gegen den einzelnen ihr Trotzenden, bald von dem Einzelnen gegen die Landschaft angerufen wird S. 90 f. — Die Erklärung für die lange Dauer der Epoche des monarchisch-ständischen Staates liegt in dem mit dem Ausgang des Mittelalters entschiedenen **wirtschaftlichen und socialen Verfall der grofsen Masse**, welcher seinen schärfsten Ausdruck in der Unfreiheit des Bauernstandes findet und in dem hierdurch bewirkten Unvermögen oder der hierdurch geförderten Unlust der Herrscher, sich ernstlich auf die grofse Masse des Volkes zu stützen. Darum liegt geraume Zeit der Schwerpunkt der politischen Thätigkeit der Herrscher im Ständestaate in einer grofsartigen **organisatorischen Arbeit**, welche nicht nur die ständischen Vorrechte unberührt läfst, sondern nicht einmal ihrer Verschärfung Hemmnisse entgegenstellt, wogegen die ernstlichen Reformen zur Hebung der Lage der niederen Klassen unter dem Drucke der höchsten politischen Not, meist erst im 18. Jahrhundert, entstehen und in dem Augenblicke eine entschiedene Abschwächung erfahren, in welchem unter dem Eindrucke der französischen Revolution die Besorgnis vor dem Einflusse gröfserer Volkskreise auf die Bestimmung der staatlichen Angelegenheiten auftaucht S. 91 ff. — Einen epochalen Abschnitt in der Entwicklung des Ständestaates bildet nicht der dreifsigjährige Krieg, sondern einerseits die schon zum Ausgang des 15. Jahrhunderts scharf ausgeprägte Entfaltung der Regalitätstheorie, andererseits der Zeitpunkt der Erkenntnis von der politischen Unhaltbarkeit der aus dem Mittelalter herübergekommenen Agrar-, Feudal- und der auf derselben ruhenden Steuerverfassung. Vor dem dreifsigjährigen Kriege ist der Anteil der Stände an den **wahrhaft epochalen staatlichen Akten** der Herrscher ein sehr geringer, nach demselben erweist sich die Macht der Stände als Hemmnis für die Entwicklung des modernen Staates viel zu grofs, als dafs es wegen der etwa veränderten Formen ihres Einflusses statthaft wäre, die Zeit um den dreifsigjährigen Krieg als Höhepunkt ständischer Macht zu erklären S. 94 f. — Die unorganische Gestaltung des kontinentalen Konstitutionalismus erweist sich als Nachwirkung des unorganischen kontinentalen monarchisch-ständischen Staates S. 96 ff.

X.

Notwendigkeit des Zusammenwirkens der Geschichts- und der Staatsrechtswissenschaft zur Gewinnung des vollen Verständnisses historischer staatsrechtlicher Gebilde S. 99 ff.

I.

In neuerer Zeit hat die Geschichtswissenschaft der Erforschung der staatsrechtlichen Einrichtungen des Ständestaates, ihrer Entstehung und Fortbildung grofse Sorgfalt zugewendet. Es sei hier in erster Linie eines Below, Luschin, Rachfahl gedacht.

Die diesen neueren geschichtlichen Forschungen nachgefolgten Darstellungen der sogenannten allgemeinen Staatslehre[1] haben auf dieselben keinen Bedacht genommen. Und doch erheben diese Forschungen Anspruch auf Berücksichtigung auch von seite der Lehre vom modernen Staate, soferne sie, wie die grundlegende Darstellung des Ständewesens durch Friedrich Wilhelm Unger, zu dem Ergebnisse führen, dafs der Anteil des monarchischen Ständestaates an der Entwicklung der Idee des modernen Staates auch auf dem Kontinente ein ungleich gröfserer sei, als von den Staatsrechtslehrern gemeiniglich angenommen wird, und insoferne sie den Nachweis für diese Behauptung durch eine ungleich eingehendere Behandlung der einzelnen Rechtsinstitute des Ständestaates zu erbringen versuchen, als sie Unger bei dem damaligen Stande des Quellenmaterials zu bieten vermochte.

Die hier dargebotene staatsrechtliche Untersuchung ist bestimmt, den gerechten Berücksichtigungsanspruch der neueren Geschichtsforschung über das Ständewesen an die Staatsrechtswissenschaft zu erfüllen. Sie beschränkt sich auf das kontinentale, mit dem mittelalterlichen Feudalwesen innig verknüpfte Ständewesen, mit Ausschlufs jenes der romanischen Länder, sie beschränkt sich ferner auf jene Ständestaaten, in welchen sich eine **monarchische** Herrschaftsform herausgebildet hat, und knüpft endlich an den Ausgang des 15. Jahrhunderts an, in welchem spätestens auf dem so abgegrenzten Beobachtungsgebiete der den späteren Absolutismus im Keime bergende Begriff der jura regia oder summi principis mit Hilfe des königlichen oder landesfürstlichen Beamtentums in deutlich erkennbarer Weise zu wirken beginnt.

---

[1] Jellinek, Allgemeine Staatslehre I S. 291 ff.

In dem so bestimmten Umfange bieten die nun folgenden Erörterungen eine eingehendere staatsrechtliche Untersuchung und Bestimmung der Rechtsinstitute des ständisch-monarchischen Staates, ihrer Technik und Wirkungsart als sie sonst in staatsrechtlichen Werken anzutreffen ist und versuchen hierdurch, das Verständnis epochaler, in einzelnen Staaten vor sich gegangener staatsrechtlicher Veränderungen zu erleichtern, welche mittels der üblichen knappen staatsrechtlichen Skizzen über das Ständewesen nicht begriffen werden können.

Zur Vermeidung jedes Mifsverständnisses mufs jedoch, bevor in die Sache eingegangen wird, folgende Bemerkung vorausgeschickt werden:

Was man staatsrechtswissenschaftlich Staatentypus nennt, das ist Ergebnis konstruktiver Thätigkeit, welches aus der Betrachtung einer Reihe kontemporaner Staaten mit gleichartigen verfassungsmäfsigen Einrichtungen in der Weise gewonnen wird, dafs alle da und dort anzutreffenden, auf dieselben Staatsideen zurückführbaren Rechtsinstitute zu einem geschlossenen Systeme vereinigt werden. Damit hängt es dann zusammen, dafs nicht jeder Staat, dessen Einrichtungen zur Gewinnung des Typus herangezogen wird, dem Typus in jedem Punkte entsprechen mufs, ja, dafs sogar jeder dieser Staaten in nicht unwesentlichen Punkten vom Typus abweichen kann. Der staatsrechtliche Staatentypus ist also nur das vollendete, geschlossene Bild eines auf einer bestimmten Vorstellung vom Staate ruhenden Staatswesens, welchem zwar eine oder mehrere Staatsindividuen vollkommen entsprechen können, welches aber in anderen Fällen in seiner Lückenlosigkeit, Geschlossenheit, Einheitlichkeit nirgends anzutreffen und insofern Idealtypus, Idealbild ist. Wo eine Staatsverfassung, wie dies die Regel ist, widersprechende Züge aufweist, wird es von der Stärke der einander widersprechenden Elemente abhängen, welchem Verfassungstypus man sie zuzurechnen hat. Mit dieser aus der Natur der Sache sich ergebenden, an späterer Stelle noch weiter zu entwickelnden Beschränkung soll nunmehr der Typus des ständischen Staates entwickelt werden[1].

---

[1] In ihren Grundzügen stand die folgende Darstellung schon bei mir fest, als ich in meiner Abhandlung, Die landesfürstliche Verwaltungsrechtspflege in Österreich S. 24 ff., eine knappe Skizze des Wesens der ständischen Verfassung bot. Wider mein Erwarten haben die Historiker wie Rachfahl, Jahrbuch für Gesetzgebung, Verwaltung und Volkswirtschaft im Deutschen Reiche Jahrg. 1899 S. 349 ff., v. Below, Territorium und Stadt S. 258 f. dieser Skizze gröfsere Aufmerksamkeit zugewendet als dem Hauptgegenstand meiner Darstellung. Durch Rachfahls Polemik gegen meine Kennzeichnung des Wesens der ständischen Verfassung bin ich zu der folgenden umfassenderen Abhandlung über diesen Stoff angeregt worden, zumal ich in der Zwischenzeit durch meine in der Abhandlung, Der österreichische Kaisertitel, das ungarische

II.

Die Entstehung des Ständetums und seines Verfassungsrechts ist in tiefes Dunkel gehüllt[1]. Nur die Ursachen der Entstehung liegen, soweit es sich um ständisch-monarchische Staaten handelt, klar zu Tage. Ein dekadentes Königtum[2] oder ein durch politische oder ökonomische Schwierigkeiten niedergedrücktes oder ein nach Unabhängigkeit von einer höheren Rechtsordnung strebendes Dynastentum[3] muſs sich zu weitgehenden, der monarchischen Idee feindlichen Konzessionen[4] an die Mächtigen des Reichs oder desjenigen Ge-

---

Staatsrecht und die ungarische Publizistik, angestellte Untersuchung über eine der zähesten und kräftigsten Ständeverfassungen eine höchst erwünschte Bestätigung meiner von Rachfahl angegriffenen Darstellung gewonnen hatte. Von den Untersuchungen v. Belows, des unbestrittenen Führers der modernen historischen Erforscher des Ständerechts, konnte ich während meiner Arbeit nur, Die landständische Verfassung in Jülich und Berg bis zum Jahre 1511 (im folgenden nach den Teilen citiert), benützen. Die Citate aus v. Below, Territorium und Stadt, sind nachträglich eingefügt und zwar bald an jenen Stellen, wo sie als bedeutsame Bestätigungen des Textes verwertet werden konnten, bald an jenen, wo die im Texte geübte juristische Kritik an den staatsrechtlichen Konstruktionen des Ständestaates durch überwiegend historisch und besonders wirtschaftlich geschulte Schriftsteller, auch auf v. Belows Konstruktionen zu passen schien. Auch das bedeutungsvolle Werk Jellineks, Das Recht des modernen Staates I. Bd., erschien für eine eingehende Berücksichtigung an dieser Stelle zu spät.

[1] Für die moderne ungarische Publizistik allerdings besteht in diesem Punkte keine Unklarheit. Sie betrachtet einerseits die ständische Verfassung Ungarns, wie sie Werböcz, Der Protonotar am Hofgericht Wladislaws II., in seinem 1517 erschienen Tripartitum juris consuetudinarii Regni Hungariae gezeichnet hat, als Ergebnis „vielhundertjähriger Praxis", andererseits leugnet sie die ständische Natur dieser Verfassung und erhebt sie zum Range einer konstitutionellen! So Deák, Ein Beitrag zum ungarischen Staatsrecht, 1865, S. 71, 113, 119, und in der von ihm verfaſsten Adresse des ungarischen Landtags von 1861, in neuester Zeit Schwicker im 26. Bd. der Grünhutschen Zeitschrift und ganz besonders v. Balogh in seinen von grober Unwissenheit zeugenden Artikeln in No. 242 und 243 des Jahrgangs 1899 des Pester Lloyd. Gegen diesen modernen Chauvinismus sticht wohlthuend ab Viroszil, Das Staatsrecht des Königreichs Ungarn II S. 56 A. c, III S. 5 f. A. c, S. 259 f. A. c.

[2] So in Böhmen, Polen, Ungarn. Viroszil III S. 192 A.

[3] In den deutsch-österreichischen Territorien.

[4] Wenn v. Below, Die landständische Verfassung in Jülich und Berg bis zum Jahre 1511 II S. 54 von Konzessionen an die Stände spricht, so verwendet er damit unbewuſst einen technischen Ausdruck des ständischen Staatsrechts. Der eigentümliche Widerspruch zwischen dem monarchischen und dem republikanischen Princip, welcher dem Ständestaat zur Zeit seiner Entstehung in ursprünglich monarchischen Staaten anhaftet, kann nicht besser gekennzeichnet werden als durch die Thatsache, daſs sowohl die magna charta König Johanns von 1215 als auch die bulla aurea des ungarischen Königs Andreas II. von 1222 sich ausdrücklich als Konzessionen, als Inbegriff der den liberis zugestandenen Freiheiten technisch bezeichnen. Vgl. auch Unger, Geschichte der deutschen Landstände II S. 251 ff. Die Vertragsform wird für die Bil-

bietes herbeilassen, welches den Gegenstand monarchischer Aspirationen der Dynasten bildet. Das Ständetum gelangt zum Gipfelpunkte seiner Entwicklung zur Zeit der Regierungsunfähigkeit oder drückender Geldverlegenheiten oder vollständiger Kreditunfähigkeit des Herrschers, wenn er kriegerischer Dienstleistungen bedarf, oder zur Zeit dynastischer Streitigkeiten[1]. Der Inhalt der Konzessionen fliefst regelmäfsig nicht aus objektiven staatlichen Rücksichten in der modernen Bedeutung des Wortes, sondern entspricht dem Grade der politischen oder ökonomischen Notlage des Konzedierenden, unter deren Drucke sie gewährt werden. Die Stände heischen an Rechtsmacht so viel, als sie für sich nötig erachten, wobei sie entweder nur das ihrem Interessenstandpunkte Nächstliegende ins Auge fassen oder zu mafslosen Beschränkungen der monarchischen Gewalt schreiten, weil sie augenblicklich durchzusetzen sind[2]. Die Erwägung politischer Möglichkeit der Behauptung der errungenen Macht, ihre Vereinbarkeit mit einem monarchischen Gemeinwesen, liegt jener anarchischen Zeit, in welcher das Ständetum sich herausbildet, fern. Die Terminologie des ständischen Staatsrechts, weit davon entfernt, daraus ein Hehl zu machen, bringt es vielmehr wie etwas Selbstverständliches zum Ausdruck, dafs das Ständerecht wesentlich aus der Machtstellung der Stände fliefse. So wenn Herzog Otto von Tirol in einem den Bürgern von Meran im Jahre 1305 erteilten Zollfreiheitsprivilegium anführt, es sei verliehen seniorum testimonio et potiorum terrae nostrae approbatis indiciis[3]. Bei alledem wird formell das monarchische Princip nie preisgegeben, mag es materiell auf einen noch so bedenklichen Tiefstand herabgedrückt werden[4].

---

dung von Ständerecht bedeutsam, wenn zunächst die Glieder der Landschaft oder Landschaften verschiedener Territorien sich einigen und der Herrscher sich in diese Einigung fügen, ihr beitreten mufs. Das Corpus juris Hungarici kennt nur zwei Beispiele dieser Vertragsform, die Pacificatio Viennensis et Lincensis; Unger a. a. O. S. 267. Aber auch unmittelbare Verträge zwischen Fürst und Ständen kommen vor. A. a. O. S. 258 ff.

[1] v. Below II S. 23, 36, 38 f., 60, 72.
[2] Wie die ständischen Rechte zuweilen aus vorübergehenden Situationen hervorgehen, also Produkte des Zufalls sind, darüber Jäger, Geschichte der landständischen Verfassung Tirols II, 1 S. 81, 84, 149; Huber, Geschichte der Vereinigung Tirols mit Österreich S. 97.
[3] Jäger a. a. O. II, 1 S. 15 A. 5. Vgl. ferner v. Below I S. 66 A. 252, S 80 A. 300a, II S. 73 A. 279, Unger a. a. O. S. 76, und die dort S. 318 angeführte Versicherung Rudolfs von Habsburg an die Stände von 1277, fortan die Münze niemals ohne den Rat der mächtigen Dienstmannen des Landes zu erneuern.
[4] Merkwürdig in dieser Hinsicht sind jene clausulae comissoriac in ständischen Privilegien, welche das jus resistendi der Stände dahin bestimmen, dafs bei Vergeblichkeit anderer Mittel zur Beseitigung eines Privilegienbruchs des regierenden Herrn die Stände sich einem neuen Herrn zuwenden dürften; Unger a. a. O. S. 254 ff. Also wird auch

Die ungeschlachte und unorganische Mengung monarchischer und republikanischer Einrichtungen, als welche sich uns der Prozefs der Bildung des ständischen Staatsrechts darstellt, führt schon frühzeitig zur Reaktion kräftiger Herrscherindividualitäten gegen die unnatürlichen Beschränkungen der monarchischen Gewalt, und während das moderne konstitutionell-monarchische Staatsrecht wegen seiner zweckmäfsigeren Verteilung der Kompetenzen an die verschiedenen staatlichen Organe eine völlige Verschiebung des Machtverhältnisses zwischen Monarch und Parlament ohne Änderung des objektiven Verfassungsrechts und ohne Lähmung der staatlichen Funktionen gestattet, drückt sich gleich zu Beginn der Entwicklung des Ständestaates eine solche Verschiebung des Machtverhältnisses zwischen dem Herrscher und den Ständen regelmäfsig durch die Schaffung oder durch die Abschaffung jener Einrichtungen aus, welche der Entfaltung einer wahrhaft monarchischen Gewalt abträglich und von republikanischem Geiste getragen sind.

Was einem schwachen, politisch unfähigen, verschwenderischen, durch dynastische Streitigkeiten oder kriegerische Verwicklungen bedrängten Herrscher abgenötigt worden ist, zerrinnt wie Schnee an der Sonne unter dessen kräftigen, begabten, autokratisch veranlagten oder von den politischen Verhältnissen begünstigten Nachfolgern. Deshalb erlangen Einrichtungen, wie die absolute Bindung aller Regierungsakte an die Zustimmung eines ständischen Rates [1], Strafrecht der Stände gegen verfassungswidrig handelnde Räte [2], Ausschreibung allgemeiner Landessteuern [3] oder Ausübung des Münzrechts durch die Stände allein [4], Unterstellung des Herrschers bei Verfassungskonflikten unter ein ständisches Gericht [5], die Sequestra-

---

in dem Fall der durch den Dynasten verschuldeten Endigung seiner Herrschaftsrechte an die Errichtung einer ständischen Republik nicht gedacht. Ähnlich verpflichtet die ungarische pragmatische Sanktion die ungarischen Stände nach Aussterben des noch thronfolgemäfsigen Frauenstammes der herrschenden Dynastie zur Vornahme der Wahl eines neuen Königs. Ein Herr — und dieser Rechtssatz gilt für das Verhältnis der Kurien der Landschaft unter einander — soll immer da sein. Diese Erscheinung erinnert an das alte Gefolgschafts- und an das spätere Söldnerwesen.

[1] Ungarischer Diätal-Artikel 23 aus dem Jahre 1298 und hierüber Tezner, Der österreichische Kaisertitel, das ungarische Staatsrecht und die ungarische Publizistik S. 15. Unger a. a. O. S. 282, 315.

[2] Ung. D. A. 7: 1507 verglichen mit der Regierungsweise Ferdinands I. Vgl. ferner Unger a. a. O. S. 180, 509 f.

[3] Jäger a. a. O. II S. 23 f.; Buchholtz, Geschichte der Regierung Ferdinands I. Bd. VI S. 397.

[4] Unger a. a. O. S. 319 ff.; Böhmische Landesordnung von 1564, deutsche Ausgabe Fol. 371 W. 16.

[5] Vgl. die Einigung der weltlichen Stände des Erzbistums Salzburg, den sogenannten Igel, bei Unger a. a. O. S. 250, dann ebenda S. 260 ff, 264, 338, 345. Auch nach dem ältesten mährischen Landes-

tion der gesamten landesherrlichen Gewalt durch die Stände[1], das Einungswesen zur Verteidigung der ständischen Rechte gegen Angriffe des Landesherrn[2] nicht die Bedeutung **dauernder** Rechtsinstitute wie etwa das ständische Steuerbewilligungsrecht oder die ständischen Vorrechte. Sie entstehen und vergehen vielmehr zugleich mit den politischen Verwirrungen, welche sie hervorgebracht haben[3]. Desgleichen gelangen die Stände nur in den Zeiten gröfster Verwirrung zur Vertragsfähigkeit gegenüber dritten Landschaften[4] und selbst ihr anerkanntes Recht, bei der Erklärung von Offensivkriegen und zuweilen auch bei Friedensschlüssen, Bündnissen mitzuwirken[5], gelangt zu keiner rechten Entfaltung.

Dieser Einfluſs des Wechsels in der Person des Herrschers auf die Gestaltung des Rechtsverhältnisses zwischen diesem und den Ständen entgeht schon den zeitgenössischen Schriftstellern nicht. So schreibt ein Anonymus nach der Wahl Ferdinands I. zum böhmischen König: „O ich gan es den stolzen pehamischen Herren wohl, daſs der Herzog Ferdinand ir Kunich ist worden, on Zweifel wird er sie nit lassen also mit ihm umbgehen, wie sie wollen, als sie den zweien Kunig nach einander haben gethan, sie haben wohl zu ihm gesprochen Du bist unser Kunig, wir sind Dein Herrn"[6]. Es ist allgemein bekannt, wie sehr sich diese Voraussage erfüllt hat. Und von dem ungarischen Recht in jenem weitern Sinne des Wortes, in welchem es alle Zweige des Rechts, somit auch das öffentliche Recht, umfaſst, sagt Werböcz in der Vorrede zu seinem Tripartitum juris consuetudinarii Regni Hungariae: Cum apud nostrates eo in genere nihil hactenus exstiterit, aut

---

recht „unterstand der mährische Markgraf dem ständischen Pairsgericht". Tomaschek, Recht und Verfassung der Markgrafschaft Mähren im 15. Jahrhundert S. 13 u. 30 ff.

[1] Jäger a. a. O. II, 1 S. 22, 54, 133, II S. 340; Unger a. a. O. S. 288 f., 294, 363.

[2] Buchholtz a. a. O.; Unger a. a. O. S. 251 f., 254, 265, 310, 410; Viroszil I S. 310, II S. 260 A. c.; Löning, Gerichts- und Verwaltungsbehörden in Brandenburg-Preuſsens, Verwaltungsarchiv II S. 221.

[3] Über die durch die Verschiedenheit der Herrscherindividuen hervorgerufene Unständigkeit des ständischen Staatsrechts, Jäger II, 1 S. 11 ff., 87 ff., 376 f.; Unger a. a. O. S. 225, 284, 286 f., 314; Rachfahl, Die Organisation der Gesamtstaatsverwaltung Schlesiens vor dem 30jährigen Kriege S. 273. Auch die Darstellung bei v. Below II S. 38 A. 139, S. 78 weist starke Schwankungen in der Rechtsstellung des Herrschers innerhalb kurzer Zeiträume nach.

[4] Unger a. a. O. S. 301, 336, dann die Pacificatio Viennensis im Corpus juris Hungarici.

[5] Unger a. a. O. S. 202; Viroszil II S. 82 ff., 84; v. Below II S. 50.

[6] Elvert, Zur österreichischen Verwaltungsgeschichte mit besonderer Rücksicht auf die böhmischen Länder, 24. Bd. der Schriften der historischen Sektion der k. k. mährisch-schlesischen Gesellschaft S. 51. Vgl. ferner Kries, Historische Entwicklung der Steuerverfassung in Schlesien S. 4; für Tirol, Jäger a. a. O. II S. 11.

origine diuturnum, aut sanctione stabile, aut perenni usu et observantia roboratum, sed ex cujusque fere Principis ac regis nutu et arbitrio, novae constitutiones, novaque edicta .... emanaverint[1]. Es ist deshalb ein vergebliches Unternehmen, das ständische Verfassungsrecht irgend eines in Betracht kommenden Territoriums in jener Geschlossenheit zur Darstellung zu bringen, wie dies von dem Staatsrecht gefesteter konstitutioneller Monarchieen gilt. Man muſs es vielmehr nach manchmal kurzen Epochen abscheiden, welche durch die Regierungszeit mächtiger und machtloser Fürsten gebildet werden, ja es gestaltet sich selbst unter ein und demselben Herrscher je nach dessen Machtstellung verschieden. Höchst lehrreich ist in diesem Punkte ein Vergleich der Gestaltung des böhmischen Ständerechts unter Ferdinand I. vor und nach dem Schmalkaldischen Kriege[2]. Wenn wir in der neueren Staatengeschichte ein Analogon für diese Erscheinung suchen, so finden wir es in solchen Staaten, welche innerhalb verhältnismäſsig kurzer Zeiträume zwischen monarchischer und republikanischer Verfassung oder zwischen einheitsstaatlichen und föderalistischen Verfassungsexperimenten hin- und herschwanken. Es erklärt sich hiermit auch die Äuſserung Werböcz', der es schon für seine Zeit, also für den Beginn des 16. Jahrhunderts fast menschenunmöglich hält, die Jura Regni Inclyti Hungariae certam in seriem formulamque et ordinem redigere .... cum inter sese plerumque dissideant et adversis quasi frontibus obluctentur. Es erklärt sich ferner hiermit das geringe Vertrauen, welches die Stände selbst der inneren Festigkeit und dem eigenen Behauptungsvermögen des Ständerechts entgegenbringen.

---

[1] Vgl. über den Einfluſs der Machtverhältnisse auf die Änderung der Rechtsinstitute des ständischen Staates auch Viroszil I S. 128, 135, 282 A. f., S. 307 f., II S. 56 A. b, S. 88, III S. 242 ff.
[2] Buchholtz, Geschichte der Regierung Ferdinands I. Bd. II S. 419 ff., 424, 427, 429 A., 447 ff., 449; VI S. 348 ff., 380, 390, 403, 409, 420 ff., 424, 427, Kries a. a. O. S. 75, Elvert a. a. O. S. 50 ff. Vgl. auch den Artikel Länder (Landesordnungen, Landhandfesten) im österreichischen Staatswörterbuch und zwar jenen für die österreichische Gruppe von Motloch II B. 1. Hälfte S. 557 f. und jenen für die böhmische Gruppe von Rieger a. a. O. S. 570 f. Selbst nach dem 30jährigen Kriege sind solche Schwankungen der rechtlichen Einrichtungen je nach der Machtstellung der an denselben Beteiligten wahrzunehmen. Stellt Ferdinand II. 1624 dem von den schlesischen Ständen beanspruchten Steuerbewilligungsrecht seine hochtragenden Regalien entgegen, so muſs Leopold I. denselben 1664 einen Revers in der alten Form ausstellen. Nimmt derselbe Leopold I. 1668, im Widerspruch mit den Privilegien Wladislaws und Rudolfs II., die Besetzung des Oberamts allein vor, so muſs er 1669 seinen Versuch, die schlesische Schatzungssteuer durch eine Konsumtionssteuer zu ersetzen, wegen der gegenüber der letzteren bestehenden Exemtionsprivilegien des Adels und des Klerus aufgeben, Kries a. a. O. S. 59, 61 A. 10, 70 A. 3.

Dieses Mifstrauen ist es, welches zu der Garantie der ständischen Rechte mittels der **Bestätigung** oder Beschwörung derselben durch jeden neuen Herrscher bei dessen Regierungsantritt, oder zum Aufschub der Erbhuldigung der Stände, zum Aufschub der vollen Entfaltung der monarchischen Gewalt bis nach vollzogener Bestätigung oder Beschwörung führt[1]. Aber auch diese Einrichtung wird von dem das gesamte Ständerecht beherrschenden Gesetze der Umsetzung von Machtveränderungen in Rechtsveränderungen erfafst. Ein seiner Mission bewufster, durch die politischen Verhältnisse gestüzter Herrscher scheidet, was er als unerträgliches Hemmnis monarchischer Gewalt betrachtet, wenn er die Macht hiefür besitzt, aus, verweigert die Bestätigung oder schränkt sie ein[2]. So kann, was zur Bekräftigung des Ständerechts dienen soll, zu einer demselben abträglichen Revision führen. Der Bestätigungsakt wird hiermit zu einem konstitutiven Akt, welcher dem Ständerecht eine Kraft zuführt, die es ohne denselben nicht haben würde[3]. Das Ständerecht büfst durch den-

---

[1] Unger a. a. O. S. 40, 243 f., 247. Nach D. A. III: 1790/91 mufs im Falle des **Ablebens** des ungarischen Königs dessen Nachfolger sich binnen sechs Monaten in gesetzlicher Weise krönen lassen. Innerhalb dieser Zeit stehen ihm sämtliche, die öffentliche, verfassungsmäfsige **Verwaltung** des Reichs betreffenden Rechte des Königs und der Anspruch auf Unterthanengehorsam zu, nur die Privilegienerteilung mufs bis nach erfolgter Krönung aufgeschoben bleiben. Dieser Diätalartikel ist ein lehrreiches Beispiel jener technischen Unbeholfenheit, welche das ungarische Ständerecht bis zum Ausgange seiner Entwicklung beherrscht. Der Fall der Erledigung des Thrones durch Thronverzicht erscheint übergangen und eigentümlich ist die von alters her übernommene Beschränkung des Aufschubes gesetzgeberischer Befugnis des Königs auf die Privilegiengesetzgebung. Gesetzmäfsige Verordnungen kann also auch der ungekrönte König erlassen; Viroszil II S. 303 A. k. Balogh a. a. O. No. 242 erblickt in dieser synallagmatischen Verbindung von Verfassungsgelöbnis und Erwerb der vollen monarchischen Gewalt eine der von ihm entdeckten **Besonderheiten** der altungarischen Verfassung, welche sie als **ursprünglich konstitutionell** erkennen lasse und aus der Reihe der Ständestaaten heraushebe. Vgl. indes die citierten Stellen aus Unger und über das Alter der ganzen Einrichtung die Litteratur bei Viroszil a. a. O.

[2] Mit der Resolution vom 21. März 1528 verweigert Ferdinand I. von dreizehn ihm durch die unterennsischen Stände vorgelegten Freiheiten elf die Bestätigung, Motloch a. a. O. S. 554. Vgl. ferner Gierke, Das deutsche Genossenschaftsrecht I S. 548 f. Auf die allgemeine Beschränkung der Bestätigung durch die Erweisbarkeit oder Erwiesenheit der ständischen Privilegien, oder durch die Voraussetzung der Löblichkeit, Gerechtigkeit der behaupteten Gewohnheiten (Unger a. a. O. S. 216, 241) wird noch zurückgekommen werden.

[3] So giebt sich selbst die goldene Bulle des ungarischen Königs Andreas II. nicht als blofses Versprechen, das bestehende Recht zu achten, sondern als **Neubegründung** früher bestandenen Rechts. Es heifst dort precibus et instantiis multis (de nobilium) concedimus eis quam quam aliis hominibus nostri libertatem a Sancto rege (Stefano) concessam.

selben den Charakter eines objektiven, durch sich selbst wirkenden Rechtes ein[1] und wird zu einem **persönlichen**, verschiedenartigen Inhalts fähigen **Rechtsverhältnis** zwischen dem **jeweiligen** Herrscher und den Ständen[2]. So verwandelt sich im Laufe der Zeiten das ungarische Inauguraldiplom aus einer förmlichen Kapitulation zu einer, einseitiger Änderung durch die Stände entzogenen Verfassungsbestätigung[3], andererseits gelingt es den ungarischen Königen seit Karl III. (VI.), aus diesem Diplom die in dasselbe früher aufgenommenen Beschränkungen der königlichen Gewalt in betreff des Beginnes von Angriffskriegen und des Abschlusses von Friedensverträgen mit der Türkei auszuscheiden[4]. Und gerade deshalb, weil die Einrichtung der Verfassungsanerkennung unter mächtigen Herrschern zur Eliminierung ständischer Rechte aus dem Inauguraldiplom führen konnte[5], nimmt die zur Beratung der Durchführkeit der pragmatischen Sanktion eingesetzte Palatinalkonferenz von 1712 in ihr Gutachten auch den Vorschlag auf, dafs im Namen der zur Thronfolge zu berufenden Tochter Karls III. ein **unwiderrufliches** Diplom über die Gesetze, Rechte, Freiheiten, Privilegien, Statuten, Rechtsgewohnheiten des Reiches ausgefertigt werden solle[6].

[1] Vgl. dagegen die moderne Auffassung des Verfassungsgelöbnisses u. a. bei Zachariä, Deutsches Staats- und Bundesrecht 2 A. I S. 266.
[2] Viroszil II S. 88. Maximilian I. räumt den österreichischen Ständen 1518 Mitwirkung zur Besetzung der landesfürstlichen Behörden ein, Ferdinand I. erklärt in diesem Punkte frei und unverbunden zu sein; Rosenthal, Die Behördenorganisation Ferdinands I. S. 46.
[3] Viroszil I S. 274 A. i, 313 f., II S. 407.
[4] A. a. O. II S. 85 Z. 1, vgl. ebenda I S. 310 und für das böhmische Ständerecht Elvert a. a. O. S. 52. Der Vergleich des in conditiones abgeteilten Königsdiploms Leopolds I. und des lediglich in Artikel zerfallenden Karls III. ist für die Erkenntnis der Einwirkung des ständischen Krönungs- und Huldigungsaktes auf die verfassungsrechtliche Entwicklung des Ständestaates sehr lehrreich. In Zusammenhang mit dieser individualrechtlichen und persönlichen Auffassung des Verhältnisses zwischen Herrscher und Ständen steht auch die Fassung der Rechtsnormen als Zusicherungen, Versicherungen des jeweiligen Herrschers, an welche sein Nachfolger sich nicht gebunden erachtet, weshalb sich die Stände zuweilen dieselben von den Versichernden für sich und seine Nachkommen ertheilen lassen; Viroszil I S. 362 A. w, s. A. 11: 1741; Unger a. a. O. S. 242; Tezner, Landesfürstliche Verwaltungsrechtspflege S. 31 A. 59, S. 40 A. 16.
[5] Viroszil I S. 310 oben.
[6] Bidermann, Geschichte der österreichischen Gesamtstaatsidee II S. 43. Doch kam es nicht dazu. Wenn ich dem Rechtinstitute der Erbhuldigung nicht jene rechtsstützende Bedeutung zu Gunsten der Stände beimesse, wie die Historiker, vgl. Unger a. a. O., Below, Territorium S. 250, so geschieht dies aus den im Texte entwickelten Gründen, welche aus der verfassungsgefährlichen Natur derselben entnommen sind, also die Reversseite der Medaille zeigen; Gegenüber Below a. a. O. beharre ich darauf, dafs, von Ungarn abgesehen, im Ständerechte der österreichischen Kronländer die Einungen nur eine ephemere, die Regierungszeit schwacher Herrscher nicht überdauernde Einrichtung ge-

III.

Mit dieser allgemeinen Charakteristik des Geistes des ständischen Staatsrechts erscheint der Übergang zu den Einzelnheiten desselben, zur Betrachtung der dem Geiste entsprechenden Technik dieses Staatsrechts gewonnen.

Die Historiker berichten von einem Gesetzgebungsrecht[1] der Stände zunächst im Sinne eines ihnen mit der Krone gemeinsamen Rechts.

Damit würden sich, wenn man die Quellen aufser Betracht liefse, folgende Vorstellungen verknüpfen:

Es giebt einen abgegrenzten, umfassenden Kreis staatlicher Angelegenheiten, welcher nur durch völlige Übereinstimmung des Willens der Stände und der Krone erledigt werden kann, wobei grundsätzlich die Willenserklärung der Stände jener der Krone vorherzugehen hat.

Zu diesen Angelegenheiten gehört jedenfalls die Aufstellung materieller, die Selbstbestimmung und Güterherrschaft der Staatsangehörigen regelnder und beschränkender Rechtsnormen[2], um so mehr die Regelung der Verfassung des staatlichen Gemeinwesens wie die Sicherung seiner Sonderpersönlichkeit.

Der so gekennzeichneten Gesetzgebung entspricht auch eine Form derselben, welche sie als Ergebnis voller Übereinstimmung zwischen Krone und Ständen erkennen läfst.

Ein in solcher Form zu stande gekommener Willensakt von Krone und Ständen besitzt die höchste autoritative Kraft, bricht also die Kraft jedes, in welcher Form immer ergangenen, ihm widersprechenden Willensaktes, kann aber selbst nur durch einen Willensakt von gleicher Form, sei es überhaupt, sei es für einen individuell bestimmten Fall, entkräftet werden.

Es bestehen besondere Einrichtungen zur Sicherung der Entfaltung dieser Kraft, unmittelbar wirkende Selbstschutzvorrichtungen der Gesetzgebung.

---

wesen sind und sich zu einem unangefochtenen Rechtsinstitute nach Art des Steuerbewilligungsrechts nicht konsolidiert haben.

[1] Wohl am schärfsten ausgesprochen bei Luschin, Österreichische Rechtsgeschichte S. 184, Grundrifs S. 101. Ihm folgt Seidler in seinen Studien zur Geschichte und Dogmatik des österreichischen Staatsrechts S. 78 nach. Die ungarische Publizistik seit Deák hält leidenschaftlich an einem uralten Gesetzgebungsrecht der Stände im Sinne der modernen parlamentarischen Gesetzgebungskompetenz fest.

[2] Die staatsrechtlichen Kompendien sprechen von Freiheit und Eigentum oder Vermögen der Staatsbürger und so auch einzelne moderne konstitutionelle Verfassungen. In den Privilegien der Stände von Jülich und Berg aus dem 15. und 16. Jahrhundert ist die Rede von lif und guit. v. Below, Die landständische Verfassung von Jülich und Berg III 2 S. 124.

Vergleicht man nun mit diesen Vorstellungen vom Gesetzgebungsrecht, welche von der Gesetzgebungskompetenz der modernen Parlamente entnommen sind, das, was man als ständisches Mitgesetzgebungsrecht bezeichnet, so ist die Übereinstimmung kaum der Rede wert. Sie reicht nicht weiter, als dafs es einen **sehr eng** begrenzten Kreis von Angelegenheiten giebt, für deren Erledigung Übereinstimmung von Krone und Ständen gefordert wird. **Eine grundsätzliche Zuweisung der materiellen Rechtsgesetzgebung und eine schrankenlose Zuweisung der Verfassungsgesetzgebung zu diesen Angelegenheiten findet sich nicht**[1] und von allen andern hier aufgezählten Kennzeichen des Gesetzgebungsrechts pafst keins auf die Mitwirkung der Stände bei der Erledigung staatlicher Angelegenheiten.

Das Ständerecht verträgt deshalb die Übertragung der modernen Begriffe von Gesetzgebung und Verordnung, Gesetzgebung und Vollziehung auf seine organisatorischen Einrichtungen nicht. Es kennt gar kein objektives, von der Tendenz der **erschöpfenden** Verteilung der staatlichen Kompetenzen beherrschtes Verfassungsrecht[2], es wird vielmehr beherrscht von dem Gegensatze der subjektiven Rechte des Königs oder Landesherrn, der Regalien, Majestätsrechte, Hoheiten und Obrigkeiten auf der einen Seite, und der Rechte der ständischen Versammlung, ihrer Unterabteilungen[3], und selbst einzelner Glieder derselben[4], auf der andern Seite. **Diese letzteren Rechte zusammengefafst, bilden die vom König oder Landesherrn anzuerkennende Landesverfassung.** Die Wahrung der Rechte der Krone tritt in der Bestätigung oder im Gelöbnis überhaupt nicht oder nicht in gleich scharfer Weise hervor.

Ohne Feststellung dieser Erkenntnis ist die verfassungsrechtliche Entwicklung des Ständestaates gar nicht zu verstehen. Sie wird uns anschaulich gemacht durch die Gelöbnisformel der deutschen Landesherren, das Land und dessen Leute, Ritter, Knappen, Bürger, Bauern, Geistliche und Weltliche, Edle und Unedle, Arme wie Reiche bei allem Rechte und

---

[1] Vgl. z. B. v. Below II S. 50, woselbst von facere constitutiones et nova jura keine Rede ist.

[2] Dies gilt von der ungarischen Ständeverfassung bis zu ihrem Erlöschen im Jahre 1848, also selbst nach der 1790/91 erfolgten äufserlichen Anknüpfung der Montesquieuschen Gewaltenteilung an dieselbe.

[3] Hier kommen in Betracht die Rechte der einzelnen Kurien der Landschaft, die Rechte der Landschaften der einzelnen staatsrechtlich geschiedenen Territorien eines gröfseren Territorialverbandes.

[4] Beispiele: Steuerprivilegien einzelner Glieder der Landschaft, städtische Privilegien, Steuerreverse zu Gunsten der Städte; v. Below II S. 27 A. 102. Viroszil II S. 56 A. warnt mit grofsem Nachdruck vor der Übertragung moderner staatsrechtlicher Begriffe auf das ungarische Ständerecht, ohne indes an dieser richtigen Erkenntnis festzuhalten.

Freiheit und alter Gewohnheit zu lassen[1], die sie von früherher besitzen, oder durch die ungarische Gelöbnisformel, quod ecclesias Dei, Dominos Praelatos, Barones, Magnatos, Nobiles Civitates liberas et omnes Regnicolas in suis Immunitatibus, Libertatibus, Juribus, Legibus, Privilegiis et in antiquis et approbatis Consuetudinibus conservabimus[2], oder der böhmischen in der L.-O. von 1564 enthaltenen, die Herrschaft und die vom Adel, Präger und andere Städte und die ganze Gemeinde des Königreichs Böheimb bei ihren Ordnungen, Rechten, Privilegien, Begnadungen, Freyheiten und Gerechtigkeiten und guten alten Löblichen Gebrauchen zu erhalten[3].

Wir sehen also: Es besteht ein patrimoniales Verhältnis, eine subjektivische Verknüpfung zwischen der Landschaft, den Gliedern der Gemeinde und den leges et consuetudines. Diese sind leges et consuetudines Praelatorum Baronum, Ordnungen, Rechte, Freiheiten der Herrschaft und derer vom Adel. Es verwandelt sich also, was uns objektives Recht ist, in subjektives Recht der dadurch Begünstigten[4]. Dabei besteht keinerlei rechtlicher Kräfteunterschied zwischen den Rechten der ganzen Landschaft, ihrer Abteilungen und ihrer einzelnen Glieder. Es ist auch für die Verfassungsmäfsigkeit der Begründung ganz gleichgültig, ob das einzelne subjektive Recht durch einseitigen Akt der Krone oder durch Zusammenwirken von Krone und Ständen[5] oder ob es endlich gewohnheitsrechtlich entstanden ist[6]. Modern gesprochen findet

---

[1] Unger a. a. O. S. 102, 407 A. 2. 125 A. 1, 241 f., 433.
[2] Vgl. z. B. das Inauguraldiplom (Decretum I) Leopolds I. im Corpus juris Hungarici.
[3] A II fol. II.
[4] Das gilt z. B. von dem Rechte des Landes, dafs niemand aufserhalb seines Gebietes vor Gericht gezogen werde. Das ist zugleich Privilegium jedes einzelnen Gliedes der Landschaft. Vgl. hierzu auch Viroszil II S. 8 f.
[5] Also mit Zustimmung der Stände oder durch förmlichen Vertrag zwischen diesen und dem Herrscher. Beispiele solcher Verträge sind die schon im 13. Jahrhundert vorkommenden Landfriedensverträge; Unger a. a. O. S. 203 ff., ferner der Vertrag zwischen dem böhmischen König und den Ständen „die Metall belangende" L.O. von 1564 W. 1 fol. 361.
[6] Für die ständische Auffassung fällt, wie bereits bemerkt, objektives und subjektives Recht zusammen. Selbst die Landesämter sind gedacht als Gegenstand eines subjektiven Rechtes des Landes, und das einzelne Landesamt als Gegenstand des subjektiven Rechtes jener Kurie und ihrer Glieder, denen allein es zugänglich ist; die Instruktion der ständischen Verordneten Böhmens von 1529 erklärt es für eine Freiheit des Landes, dafs die Landesämter nur mit Böhmen besetzt werden. Vgl. L. O. 1564 B II fol. 46 f. Deshalb ist auch die „Lex", welche nach D. A. 12: 1790/91 die Schranke für die potestas executiva abgeben soll, nicht identisch mit dem auf dem Reichstag verabschiedeten Gesetz, sondern umfafst auch alle im Verfassungsgelöbnis bezogenen Immunitates, Jura, Privilegia. Auch das auf Gewohnheitsrecht gestützte subjektive Vorrecht ist Privileg; Brie, Die

in diesem Punkte kein Vorrang des unter ständischer Mitwirkung erlassenen Gesetzes[1] vor andern Begründungsformen statt. Ja es vollziehen sich gerade die fundamentalen verfassungsgesetzgeberischen Akte[2] in der Form von Konzessionen, also einseitigen Willenserklärungen der Krone, welche, möchten sie auch unter den für die Stände günstigsten Machtverhältnissen entstanden sein, einen Gegensatz zwischen dem Begehren der Stände und der Erledigung derselben in dem hinausgegebenen Versprechen nicht ausschliefsen. Auf der andern Seite sollen nach einer zuweilen mit Erfolg zur Geltung gebrachten Auffassung sowohl die Rechte des Königs oder Landesherrn als auch jene der Landschaft an der unübersehbaren Summe der gelegentlich und ohne Beziehung auf einander erteilten Privilegien, welche den umfangreichsten Teil des ständischen Verfassungsrechts bilden[3], ihre unüberschreitbare Schranke finden; diese sollen also auch durch einen von der Krone und den Ständen zusammen vorgenommenen Akt nicht entkräftet werden können[4]. Fafst man also den unter ständischer Mitwirkung entstandenen Willensakt der Herrscher als Seitenstück des konstitutionellen Gesetzes, als ständisch-monarchisches Gesetz auf, so darf man nicht sagen, dieses Gesetz besitze eine alle Akte überwältigende Kraft. Ein solches Verhältnis waltet nicht ob. Die Kraft widerstreitender rechtsbegründender hoheitlicher Akte hängt im Ständestaat von der politischen Macht der durch dieselben Berechtigten ab. Dasjenige subjektive Recht, dessen Träger die gröfste Macht zur Seite steht, oder das Recht des Kräftigsten, ist auch das kräftigste Recht[5].

Lehre vom Gewohnheitsrecht I S. 214, 216 f., 221 f., 223. Andrerseits wird der Ausdruck Gewohnheitsrecht für alles in Übung und Geltung stehende Recht gebraucht, unabhängig von der Art seiner Entstehung. Das ist die Bedeutung dieses Ausdrucks im Titel des Tripartitum juris consuetudinarii inclyti Regni Hungariae des Werböcz, dann in Suttingers Consuetudines Austriacae.

[1] Hierüber Otto Mayer, Deutsches Verwaltungrecht I S. 72.

[2] Beispiele die Magna charta König Johanns und die goldene Bulle Andreas' II. Beide bezeichnen sich als concessio und werden in Privilegialform ausgefertigt.

[3] Orosz, Terra incognita S. 142—148, wirft der alten ungarischen Verfassung die Exemtionen, Immunitäten und Privilegien ohne Zahl und Mafs vor; Viroszil II S. 364 A. Über Versuche zur Evidenzhaltung derselben in Böhmen, Buchholtz VI S. 347, 425.

[4] Dies ist die Auffassung der mährischen und schlesischen Stände von ihren Sonderprivilegien, Buchholtz II S. 438 ff., 440, 444; Elvert a. a. O. S. 62; Rachfahl, Die Organisation der Gesamtstaatsverwaltung Schlesiens vor dem 30jährigen Kriege S. 424 ff. Böhm. L.O. 1564 Z. 4; dies ist auch die Auffassung der D. A. 8: 1741, 10: 1790/91 von der Steuerfreiheit des ungarischen Adels.

[5] Darum weicht umgekehrt das Recht des Schwächeren jenem des Stärkeren, gleichviel auf welche Weise es entstanden ist. Darüber Näheres bei der Erörterung der Revisibilität der Rechte des Landes im Ständestaat.

In thesi steht dem Rechte des Landes und seiner Glieder oder dem Landesverfassungsrecht das Recht des Königs oder des Landesherrn gegenüber. Das Recht des Königs erstreckt sich aber potenziell jedenfalls soweit, als ihm kein subjektives Recht eines Andern entgegengestellt werden kann. Wie weit es sich virtuell entfalten kann, hängt von den thatsächlichen Verhältnissen ab[1].

Weil nun die Landesverfassung durch die Rechte der Landschaft und ihrer Glieder erschöpft wird, so dreht sich die Frage nach der Zulässigkeit einseitigen Vorgehens des Herrschers immer nur um den einen Punkt, ob ein einseitig von dem Herrscher vorgenommener Akt in die jura et libertates Regni eingreife?[2] Nun haben diese jura et

---

[1] Sehr deutlich drückt dies A. III fol. 2 der böhmischen Landesordnung von 1564 aus: „Vornemblich hat die Kön. May. solche Macht, Gewalt und Hochheit, alles das, was der Kön. May. und ihrer May. Erben und allen Einwohnern dieses Königreichs Nutz' und Frommen ist (gleichwie die Vorgehende Könnig zu Böhaimb auch gehabt haben) zu ordnen, thun unnd regieren, doch dafs es den Ordnungen, Rechten, Freyheiten, Privilegien und Landtsordnungen nicht zu wider und zu (?!) entgegen sei." Dafs mir die Kenntnis der historischen Gemeinplätze von der dualistischen Natur der ständischen Verfassung und von der staatsrechtlichen Renaissance nicht entgangen ist, beweisen meine Ausführungen in der landesfürstlichen Verwaltungsrechtspflege S. 15, 23, 26, 45, 41, 81 und in meiner Abhandlung über den österreichischen Kaisertitel S. 56, 61, 65. Ich halte es aber gegenüber Rachfahl in Schmollers Jahrbuch S. 355 f. für verdienstlicher, diese Gemeinplätze staatsrechtlich zu vertiefen und zu revidieren, als sie ungeprüft hinzunehmen und zu wiederholen. Zu dem für das Ständerecht grundlegenden Begriff des jus Regium oder des Regale ist zu bemerken, dafs er sich auf alles erstreckt, was der König für sich in Anspruch nehmen kann, nicht blofs auf Rechte finanziellen Inhalts; Rachfahl, Gesamtstaatsverwaltung S. 142. So ist die Rede vom summum regale appellationis (a. a. O. S. 253). Die vernewerte böhmische L. O. erklärt das jus legem ferendi als ein dem König ausschliefsend zukommendes Recht, somit als jus regium oder regale; nach den Deklaratorien Ferdinand III. zur vernewerten mährischen L. O. ist die Schiedskompetenz unter die Regalia gehörig; Elvert, 16. Bd. der Schriften der mährischen und schlesischen Gesellschaft S. 472. Die finanzrechtliche Bedeutung des Wortes hat sich daraus entwickelt, dafs die höchste obrigkeitliche Gewalt — man denke an die Abgaben anläfslich richterlicher Akte, an die Geldstrafen für die Übertretung der königlichen oder landesherrlichen Befehle — zugleich eine Einnahmequelle für den Herrscher bildete; v. Below II S. 46 A. 180, S. 57.

[2] Otto Mayer, Deutsches Verwaltungsrecht I S. 28 f., bringt die expansive Tendenz der Hoheitsrechte mit der naturrechtlichen Doktrin in Zusammenhang. Praktisch bewährt sie sich aber geraume Zeit, bevor noch vom Auftauchen dieser Doktrin gesprochen werden kann. Ihre rechtliche Fundierung findet sie in einer aus antiken, germanischen und christlichen Ideen zusammengesetzten Auffassung der königlichen oder landesfürstlichen Gewalt. Die Polizeihoheit entwickelt sich zum Teil unter dem Einflusse der Kameralistik, d. i. der Erkenntnis der Bedeutung polizeilicher Regelung bestimmter Lebensverhältnisse für die Steigerung der Einträglichkeit historischer Rechte der Krone. Beispiele solcher Rechte: v. Below I S. 27 A. 93, II S. 47, 57; Rachfahl a. a. O.

libertates einen sehr zufälligen, schon für die Erschöpfung der staatlichen Interessen ihrer Zeit ungeeigneten Inhalt. Dieser archaistische, rückständige Charakter haftet überhaupt den meisten Einrichtungen, welche aus der ständischen Entwicklung hervorgehen, an, sie mögen sich auf Verwaltung oder Rechtspflege beziehen. Welch primitiven Eindruck machen nicht zur Zeit der schon fortgeschrittenen Reception des römischen Rechts die hie und da anzutreffenden Bestimmungen über die Kompetenzen der Landesämter[1] im Vergleiche mit den organisatorischen Bestimmungen für die landesfürstlichen Behörden! Eine Ausnahme bilden die typisch wiederkehrenden Beschränkungen des Herrschers in betreff der Veräufserung von Landesteilen, Belehnung und Veräufserung von Domänen und Einkünften aus dem Lande, in betreff des Beginnes von Offensivkriegen, des Abschlusses von Bündnissen[2]. Aber selbst unter Berücksichtigung dieser zuletzt angeführten wichtigen Beschränkungen bleibt noch ein grofses, stetig wachsendes Gebiet staatlicher Angelegenheiten übrig, zu denen die Rechte des Landes keine oder keine deutlich ausgesprochene Beziehung haben, es tauchen immer neue Fragen auf, von welchen diese Rechte nichts wissen. Diese Angelegenheiten und Fragen betrachtet nun der König oder Landesherr als seine Domäne, von welcher er nicht selten mit bedeutendem Erfolg jede Einflufsnahme der Stände abwehrt. Weil nun so das Ständerecht keine Persönlichkeit des Staates, keine Staatverfassung, keine organisch miteinander verknüpften Kompetenzen von Herrschern und Ständen, sondern nur einander gegenüberstehende, die Einheit und politische Geschlossenheit des Gemeinwesens aufhebende, ihrem Inhalte nach mit dem Wechsel des Machtverhältnisses sich ändernde Rechte des Königs und der Stände: causae, necessitates, negotia regis und causae necessitates, negotia Regni

---

S. 261 ff., 289; Tezner, Landesfürstliche Verwaltungsrechtspflege S. 174 A. 21; Viroszil II S. 148 ff. bezeichnet als Grenze des königl. Polizeiverordnungsrechts die Freiheiten und Vorrechte des Landes.

[1] Vgl. Auerspergs Bearbeitung von Balbins Liber curialis C. VI von den verschiedenen Gerichtshöfen des Königreiches Böhmen Bd. 1 S. 17 ff., 31 ff., für die principienlose und nicht erschöpfende, historisch-zufällige Kompetenz der ständisch besetzten Landgerichte, dann die aus den Eidesformeln zu erkennende, den gleichen Charakter tragende Kompetenz der Landesämter. Vgl. ferner Unger a. a. O. S. 215; Rachfahl, Die Organisation der Gesamtstaatsverwaltung Schlesiens S. 224, 227 f., 246. Der zufällige, bruchstückartige Inhalt der ständischen Verfassungsurkunden wird auch von v. Below, Territorium S. 259 zugestanden.

[2] Böhmische L. O. 1564 A 1—2; B 15, 20; A 29; A 19, 28; Unger a. a. O. S. 332 ff., 335; Viroszil II S. 174 f. A. f., 178, 182; Elvert, Zur österreichischen Finanzgeschichte S. 45; v. Below II S. 50. Das Steuerbewilligungsrecht der Stände wird meist durch die bei jeder Bewilligung ausgestellten Schadlosreverse anerkannt.

kennt[1], darf man auch nicht sagen, die Stände hätten überall an der Erledigung öffentlicher Angelegenheiten teilgenommen, wo des Landes Bestes es erforderte[2]. Vielmehr vollziehen sich unter günstigen Umständen gewaltige politische Veränderungen, die wir vom Standpunkt des modernen Staatsrechts als Verfassungsänderungen, als Aufhebung der vollen Persönlichkeit oder Souveränität des Staates werten müfsten, **ohne jede Teilnahme der Stände** unter Berufung darauf, dafs ihrem Vollzuge durch den Herrscher allein, kein Recht des Landes entgegenstehe, dafs es sich um ein jus regium, nicht um ein jus regni handle[3].

Eine so epochale staatsrechtliche, die Staatspersönlichkeit Ungarns erfassende Aktion, wie es die Schaffung des centralen Hofkriegsrates und der kaiserlichen Hofkammer durch Ferdinand I. gewesen ist, geht aus einem einseitigen Kreationsakte dieses Herrschers hervor. Die ungarischen Stände vermögen nämlich gegen diesen Vorgang auf dem Landtag von 1569 nicht, wie sie es mit den aus der allgemeinen Hofkanzlei nach Ungarn erfliefsenden Reskripten im D. A. 10: 1567 gethan hatten, auszuführen, dafs das consilium bellicum und die camera aulica antiquae Regni libertati contraria seien, sondern sie wünschen die Beseitigung beider Behörden nur wegen der mit ihrem

---

[1] D. A. 25: 1495. Auch die Bezeichnung causae et interesse summi Principis ist für die landesherrlicher Verfügung unterworfenen Angelegenheiten üblich. Nach Viroszil II S. 147 A. f., S. 215 A. f.; III S. 55 A. x ist es Grundsatz der ungarischen Verfassung, dafs die Stände wider Willen des Königs nicht verfügen können, quod juribus Regiae Majestatis adversum et praejudiciosum foret, umgekehrt der König ohne die Stände nicht, quod immunitatibus et reservatis St. et O.O. privilegiis repugnat. Ich erachte diese Formulierung dem ständischen Staatsrecht ungleich angemessener als die Übertragung der Begriffe von Gesetzgebung und Verordnung auf diese Epoche und verweise auf die schon in Mohls württembergischem Staatsrecht enthaltene Bemerkung: „Soweit Brief und Siegel reichen, soweit reichen auch die Befugnisse der Stände in solchen Staaten." Selbst noch der D. A. 3: 1527 erschöpft das Wesen der ungarischen Verfassung durch den Gegensatz von jura Regis und jura Statuum et Ordinum Regni. Über die diesfalls von ungarischen Schriftstellern angenommene Präsumtion zu Gunsten des Jus regium Viroszil II S. 5, 8.

[2] Gierke a. a. O. I S. 566 und die dort angeführte Litteratur. v. Below I S. 69 spricht von der Fortwirkung der germanischen Anschauung, nach welcher der Herrscher seine Entschlüsse nicht absolut fassen dürfe, sondern sich beraten lassen müsse. So unbestimmt nun wie diese Formel, eben so schwankend ist ihre praktische Anwendung. Nach v. Below, Territorium S. 262 erstreckte sich die Kompetenz der Stände auf alle wichtigen Angelegenheiten, wenngleich nicht in strenger Konsequenz.

[3] Vgl. auch Luschin, Grundrifs der österreichischen Reichsgeschichte S. 100, Rachfahl a. a. O. S. 152, 142, 101 ff. Der von Deák a. a. O. wiederholt gegen die Centralisation erhobene Einwand, der ungarische König habe über die Hoheit des ungarischen Staates nicht disponieren können, entbehrt der rechtlichen Grundlage, soweit der Ständestaat in Betracht kommt.

Bestande unvermeidlich verknüpften Belästigungen für die Landeseinwohner[1]. Das erklärt sich damit, daſs sich während der ganzen Dauer des ständischen Staatswesens der Herrscher die Einkünfte seiner Kammer, die an dieselbe abzuführenden ständischen Subsidien, dorthin kommen läſst, wo er sich mit seinem Hofhaushalt befindet[2]; es kann ihm auch nicht verwehrt sein, die Verwaltung der ihm zur Verfügung gestellten oder mit seinem Vermögen beschafften sachlichen und physischen Mittel des Kriegswesens zu organisieren[3]. Deshalb wird auf dem Landtage von 1569 die Vorstellung der ungarischen Stände mit der königlichen Erledigung verabschiedet, daſs es bei den neuen Behörden sein Bewenden zu finden habe. Die Beratung des Königs mit ungarischen Räten habe sich nur zu erstrecken auf res, quae justitiam, jura libertatesque regni concernunt. Damit erscheint ausgesprochen, daſs dies von der Heeres- und Kameralverwaltung nicht gelte. Diese und ähnliche Wendungen[4] sind nur dann verständlich, wenn man unter Regnum nicht den Staat oder das Land im

---

[1] D. A. 38: 1569. Bidermann, Geschichte der österreichischen Gesamtstaatsidee I S. 86 A. 25.

[2] In den älteren Quellen des Ständerechts heiſst es: „Die Dienst- und Schatzgüter (Steuern) der Herrschaft gehören auf das Schloſs" und der Landesherr ist in der Verfügung über seine Kammergefälle nie beschränkt gewesen; Below III 1 S. 7, II S. 29. Für Ungarn vgl. D. A. § 14 ad 42: 1545, Viroszil II S. 172, III S. 171 f., 183. Auch den böhmischen Ständen gegenüber macht Ferdinand I. die Freiheit seines Kammerwesens von ständischem Einflusse geltend und behauptet sie auch; Buchholtz II S. 448 f.; Unger a. a. O. S. 225. Vgl. auch Rachfahl, Die Organisation der Gesamtstaatsverwaltung Schlesiens S. 318, 323 ff.

[3] In Böhmen anerkennt der Landtag von 1565 selbst: Consiliarios belli Caesar sibi eligat et procuret; Riegger, Materialien zur Statistik Böhmens 11. Heft S. 195. Viroszil II S. 109 f., III S. 193, 198 ff. Cziráky, Conspectus juris publici regni Hungariae §§ 751 ff.; Tezner, Der österreichische Kaisertitel, das ungarische Staatsrecht u. s. w. S. 57 ff. Rachfahl a. a. O. S. 153, 177 A. 3 erachtet vom Standpunkte des schlesischen Ständerechts für die Organisation der Landesverteidigung durch die Stände, vom Zeitpunkte habsburgischer Herrschaft an, königliche Zulassung oder Ermächtigung nötig. Das gilt aber für das Ständerecht im Bereiche der habsburgischen Herrschaft vom Ausgang des 15. Jahrhunderts überhaupt. Vgl. v. Below, Territorium S. 253.

[4] „Angelegenheiten, welche in ausgesprochener und deutlicher Beziehung zu den Freiheiten, Privilegien des Rechts stehen": negotia, quae pure et praecise ad libertates et privilegia Regni spectant, D. A. 38: 1569. Negotiis jura et libertates Regni pure et simpliciter concernentibus, D. A. 40: 1567. In Böhmen verspricht Ferdinand I. anläſslich der Krönungsverhandlungen 1526 in böhmischen Angelegenheiten „vor allem" also (nicht ausschlieſslich) böhmische Ratgeber zu gebrauchen, 1545 jedoch erledigt er das Petit der Stände, keine Ämter an Ausländer zu verleihen, dahin, er werde dies thun im Rahmen der bestehenden Privilegien und Freiheiten, welche letztere sich indes auf die neu erstandenen centralistischen Hofstellen nicht beziehen. Buchholtz II S. 448 f., VI S. 348.

modernen Sinne des Wortes, sondern nur die Landschaft, unter libertates et privilegia regni nicht eine alle staatlichen Organe umfassende moderne Staatsverfassung, sondern nur die Rechte der Stände im Gegensatz zu jenen des Königs versteht[1].

Nichts ist imstande, den Unterschied zwischen ständisch-monarchischer und konstitutionell-monarchischer Verfassung und die technische Unvollkommenheit der ersteren so scharf zu beleuchten als die Thatsache, dafs die Einschränkung der Sonderstaatlichkeit des Ständestaates und seine Unterstellung unter eine für mehrere Staaten errichtete Centralbehörde, also, vom modernen Staatsrechte aus betrachtet, eine der fundamentalsten Verfassungsänderungen ohne Teilnahme der Stände durch königlichen Akt vor sich gehen kann, und dafs die Stände einen den Fortbestand dieses Organisationsaktes dekretierenden Reichsabschied hinnehmen[2].

Was hier von der grundlegenden Organisation der Verwaltung gesagt wurde, gilt in gleicher Weise von jener des Gerichtswesens. Die Gerichte für die deutsch-österreichischen Länder zur Handhabung der Gerechtigkeit in Sachen der **landesfürstlichen Hoheit** werden unter Maximilian I. durch den Kaiser allein ins Leben gerufen[3]. Desgleichen ist die Prager Appellationskammer als oberster Gerichtshof für die Länder der böhmischen Krone eine ohne die Mitwirkung der Stände entstandene Schöpfung Ferdinands I., welche von ihm auf sein Königsrecht zur Annahme von Appellationen zurückgeführt wird[4].

Diese Beispiele widerlegen auf das schlagendste die sowohl bei modernen als auch bei zeitgenössischen Schriftstellern der ständischen Epoche anzutreffende Behauptung, es habe sich die Erlassung von Gesetzen im Ständestaate nur unter ständischer Mitwirkung vollzogen[5], oder die Stände hätten

---

[1] Unger a. a. O. S. 434.
[2] Ganz das Gleiche gilt von der Centralisation der inneren, der Finanz- und der Justizverwaltung für das Gebiet der deutsch-österreichischen Länder unter Maximilian I.; Adler, Die Organisation der Centralverwaltung unter Kaiser Maximilian I.; Tezner, Die landesfürstliche Verwaltungsrechtspflege S. 40, 49, 120, 168.
[3] Tezner a. a. O. S. 40.
[4] Rachfahl a. a. O. III. Kap. S. 220 ff.
[5] So Werböcz, Tripartitum P. II tit. 3 § 3: Attamen Princeps proprio motu, et absolute **potissimum** super rebus juri Divino et naturali praejudicantibus, atque etiam **vetustae libertati Hungaricae gentis** derogantibus, constitutiones facere non potest. Man beachte indes auch bei dieser Fassung den vagen Inhalt und die Begrenzung der königl. Machtvollkommenheit durch die **Freiheiten der gens Hungarica**, die für Werböcz P. II tit. 4 mit den Landständen identisch ist. In der That stellt er selbst in seiner Vorrede zum Tripartitum fest, dafs ex **cujusque fere Principis ac regis nutu et arbitrio** con-

zum mindesten in allen wichtigen Landesangelegenheiten (majora negotia regni[1]) oder in den allgemeinen Landesangelegenheiten[2] ein Gesetzgebungsrecht geübt[3]. Wir haben es hier mit einer den wirklichen staatsrechtlichen Vorgängen des Ständestaates nicht entsprechender Abstraktion zu thun.

Das gilt aber nicht blofs von jener Ordnung staatlicher Angelegenheiten, welche unserer modernen Organisationsgesetzgebung entspricht, sondern von der Aufstellung von materiellen Rechtsnormen überhaupt. Dem ständischen Staatsrecht ist das moderne Gesetzgebungsrecht der Parlamente, kraft dessen für ein bestimmtes Gebiet oder überhaupt materielle Rechtsnormen nur durch volle Übereinstimmung von Herrscher und Ständen oder nur auf Grund einer durch solche Übereinstimmung herbeigeführten Ermächtigung entstehen und aufgehoben werden können, kraft dessen ferner die Willenserklärung der Landschaft jener des Herrschers vorherzugehen hätte, kraft dessen folgerichtig einseitige, vom Herrscher erlassene Normen in diesem Umfange nur auf Grund eines so entstandenen Gesetzes zulässig sind, durchaus fremd. Es kennt deshalb auch nicht den Unterschied zwischen Gesetz und Verordnung im Sinne des konstitutionellen Staatsrechts. Bei der Geltendmachung des politischen und staatsrechtlichen Grundsatzes nil de nobis sine nobis liegt den Ständen der Gedanke an Rechtsinstitute, wie es die moderne parlamentarische Gesetzgebungskompetenz, die Scheidung von Gesetz und Vollziehung, die monarchischen Praerogativen sind, vollständig fern. Vielmehr wollen sie sich, gestützt auf ihr Steuerbewilligungsrecht und die mit demselben verbundene finanzielle Abhängigkeit des Herrschers, über alles äufsern, was ihnen nahe geht[4]. Das kann nun ein Akt

---

stitutiones novaque edicta per singulas nedum aetates, sed paucissimorum quoque annorum spatio emanaverint und bezeugt hiermit eine fruchtbare, absolute königliche Gesetzgebung.

[1] So Beck, Jus publicum Hungariae 1772 S. 17; D. A. 23: 1298 bei Tezner, Kaisertitel u. s. w. S. 15.

[2] Rieger spricht a. a. O. S. 572 von allgemeinen Landesangelegenheiten im Sinne moderner Staatsangelegenheiten. Allein die L.O. 1564 A. XX fol. XIV spricht nur von der Unstatthaftigkeit der Eintragung einseitiger Verfügungen des Königs in die Landtafel in Landessachen, die dem Lande zuständig sind. Aus dem Gegensatz der „königlichen Majestät zuständigen Sachen", geht hervor, dafs es sich um jura Regni im Gegensatz zu jura regia handelt, und dafs es somit in dem vagen Umfang der jura regia Landesangelegenheiten im modernen Sinne die Menge giebt, in welchen der König allein verfügen kann, ohne der Eintragung in die Landtafel zu bedürfen. Man denke an das Beispiel der Schaffung der Prager Appellationskammer, der Kammer in Böhmen und Schlesien u. s. w.

[3] Oben S. 10 A. 1, S. 16 A. 3.

[4] Die ungarische D. A. 25: 1495, 7: 1715 tadeln es geradezu, dafs die Wahl der Verhandlungsgegenstände auf den Landtagen durch die subjektiven Interessen, die negotia privata der Versammelten, nicht

der Ausübung unzweifelhaften Königsrechts sein, wie der Vollzug einer Begnadigung, Gewährung der Restitution an ein Glied der Landschaft, Entfernung mißliebiger landesfürstlicher Räte[1], während andererseits die einseitige Einführung neuer Einrichtungen, die einseitige Erlassung neuer Gesetze durch den Herrscher die Stände vollständig kalt läßt, weil sie entweder zweckmäßig sind[2] oder sich nicht gegen die Glieder der Landschaft richten[3], oder auch, weil ihre Tragweite nicht sofort von den Ständen erkannt wird[4]. Dazu kommt noch, daß die Stände wegen der zwischen ihnen bestehenden argen Zerklüftung, wegen des sie beherrschenden Klassenegoismus und wegen ihrer Abneigung gegen eine mühevolle und kostspielige staatliche Arbeit sich selbst dann, wenn die mit dringlicheren Staatsinteressen befaßte Krone von ihnen die Lösung einer gesetzgeberischen Aufgabe verlangt, nicht sehr bereitwillig zeigen, sondern froh sind, wenn ihnen die Arbeit von dem Herrscher und seinen Räten abgenommen wird[5]. Der

---

aber durch die objektive politische Bedeutung derselben bestimmt werden und ordnen die Abstellung dieses Übelstandes freilich vergeblich an; Viroszil III S. 45 A. q, 208 A. c, 289 A. b.

[1] D. A. 23: 1600, 24: 1608 p. c., 103: 1715; Unger a. a. O. S. 274 f., 277, 289; v. Below, Territorium S. 281.

[2] Ohne ständische Teilnahme vollzieht sich in Ungarn unter anderem zum großen Teil die Polizeigesetzgebung (Viroszil II S. 150), die Einführung einer Bergordnung im Jahre 1573 (Viroszil II S. 208), der Erlaß prozeßrechtlicher Normen über die Berggerichtsbarkeit (a. a. O. III S. 151), die ersten Ordnungen des Münzwesens (II S. 218 f. A. a), die Einführung des Postwesens (II S. 224 A. d), des Salpeter — Schießpulver — Lottoregals (II S. 248 f.), die erste Regelung des Militärverpflegswesens im Jahre 1747 (II S. 111, III S. 95 A. z) und der Urbarialverhältnisse 1767 (II 277 f. A. k, III 146 f. A. i); auch strafrechtliche Reformen (a. a. O. II S. 138 A. l). Vgl ferner Bidermann a. a. O. I S. 29, S. 75 A. 106, 107, S. 111 A. 21, II S. 315 A. 221, S. 316 A. 222. Von der einseitigen Errichtung der Zentralbehörden für alle Staaten und Territorien der habsburgischen Monarchie war bereits die Rede. Auch das Staatspapiergeld und Banknotenwesen entsteht in Ungarn ohne ständische Mitwirkung. Viroszil III S. 187 führt nur die Verwaltung dieses Geldwesens an, ohne dasselbe auf ständische Beschlüsse zurückzuführen.

[3] Dies gilt z. B. von den Gesetzen gegen die Bauern oder die Ausländer; Unger a. a. O. S. 225, 226. Vgl. ferner Kries a. a. O. S. 76 A. 9.

[4] So erklärt sich, daß die verbindliche Verlautbarung des österreichischen Kaisertitels im Jahre 1804 in Ungarn sich ohne Widerstand der Stände und Komitate vollzog.

[5] Vgl. die Äußerung des unter Ferdinand I. lebenden Geschichtsschreibers Lazius, bei Buchholtz S. 23, mitgeteilt bei Tezner, Landesfürstliche Verwaltungsrechtspflege S. 181 A. 41, dann Rachfahl a. a. O. S. 224. Bekannt ist der Widerstand der Stände gegen jede längere Dauer der Landtage, worin eines der größten Hindernisse für kodifikatorische Arbeiten unter ständischer Mitwirkung zu erblicken ist. Die ungarischen Stände möchten am liebsten auch die Einberufung der Landtage von ihrer Zustimmung abhängig machen; Unger a. a. O. S. 144, 214, 230. Die schlesischen Stände überwälzen 1471 die Arbeit

Auffassung der Herrscher von ihrem Berufe zu reformatorischer Thätigkeit[1] kommt dieses politische Unvermögen und die Arbeitsunlust der Stände in hohem Grade zu statten.

Wir sehen deshalb König oder Landesherrn auf allen Gebieten staatlichen Lebens[2] eine einseitige, normierende

---

des Erlasses einer Landfriedensordnung auf Matthias Corvinus; Kries a. a. O. S. 2 A. 1, 23; Viroszil II S. 200 A. e, 254 A. e, III S. 16 A.; Luschin a. a. O. S. 103 f. Vgl. auch Motloch a. a. O. S. 557 zum Schluſs über den äuſserst schleppenden Gang der Kodifikation des Landrechtes in den deutsch-österreichischen Ländern, ferner das Citat aus der anonymen Flugschrift „Pia desideria für Ungarn" über den kläglichen Stand der ungarischen Justizgesetzgebung noch im 19. Jahrhundert(!), bei Viroszil III S. 165 A. k. Das einzige umfassendere (kodifikatorische) ungarische Werk, die Bergordnung, ist vom König allein erlassen. Zuweilen sind es die Stände selbst, welche es als Sache des Landesherrn und seiner Räte ansehen, ein gutes Gesetz zustandezubringen, zuweilen scheitern umfassende kodifikatorische Bestrebungen an dem engherzigen Widerstreben der Stände. Aus dem letzteren Grunde kann es bis zum Ausgange des 18. Jahrhunderts in vielen Territorien zu einer Steuer- und Agrargesetzgebung nicht kommen. Vgl. Unger a. a. O. S. 227, 222 f. Hier sind auch die von 1668—78 reichenden Landtagsschlüsse, durch welche eine von Leopold I. verlangte Beratung einer mährischen Polizeiordnung auf die lange Bank geschoben und vereitelt wird, dann die von demselben Kaiser wiederholt erlassenen Resolutionen wegen des unzulänglichen Besuchs des mährischen Landtags zu erwähnen; Elvert, Beiträge zur Geschichte der Rebellion, Reformation des dreiſsigjährigen Krieges im 16. Bd. der Schriften der historisch statist. Sektion der k. k. mährisch-schlesischen Gesellschaft S. 855 f., 872 f. Ein Surrogat für die zuweilen dem Monarchen und seinen Räten ebenso wie den Ständen lästige gesetzgeberische Arbeit bilden Sammlungen von Urteilssprüchen der Hof- wie der Landesgerichte, sowie von Rechtsnormen verschiedenster Entstehungsart unter Autorität des Königs oder Landesherrn, welche für grundlegende Fragen des Landesrechts zuweilen die Bedeutung eines Gesetzbuchs erlangen. Dies gilt zum Teil vom Tripartitum des Werböcz. Vgl. auch Unger a. a. O. S. 191, dann v. Below, Territorium S. 259.

[1] Für diesen schon der fränkischen Auffassung entsprechenden Herrscherberuf, alle Unbilligkeit, Schädlichkeit und Zweckwidrigkeit zu beseitigen, das Gute und Nützliche zu fördern, bildet sich später die Wendung von der Pflicht des Herrschers zur Herstellung guter Polizei aus. So verspricht 1536 der Herzog den Boten der vier Jülicher Hauptstädte auf ihre Bitte, die Accise auch auf dem Lande einzuführen, er werde behufs Aufrichtung „guder policei" durch Förderung des Städtewesens sobald als möglich die Angelegenheit an den Landtag bringen; Below III, 2 S. 153 A. 9; und noch Erzherzog Leopold erklärt 1619 der Tiroler Landschaft, die Rezeption des römischen Rechts entspreche dem Wesen eines wohlbestellten Regiments und Policey; Sartori-Montecroce, Über die Rezeption der fremden Rechte in Tirol S. 74, 76. Reges, domini rerum temporumque, trahunt consiliis cuncta non sequuntur, heiſst es in einem Gutachten des österr. Hofkammerpräsidenten Grafen Jörger von 1681; Bidermann, Österr. Gesamtstaatsidee I S. 147 A. 92.

[2] Unger a. a. O. S. 225 f.; Viroszil II S. 144, 150h; Cziráky, Conspectus juris publici Regni Hungariae S. XVI u. § 428 ff.; Rapp, Über das vaterländische Statutenwesen, 5. Bd. der Beiträge zur Geschichte von Tirol und Vorarlberg S. 144—161; Buchholz II S. 435, 529, VIII S. 239, 287. Über Ordnungen des Justizwesens vgl. die Ausführungen

Thätigkeit entfalten, unter günstigen Umständen sogar auf dem Gebiete des Steuerwesens[1]. Nur zuweilen, nicht immer, treten nach Perfektion[2] eines solchen einseitigen gesetzgeberischen Aktes der Krone, also erst nachträglich, die Stände hervor, nicht etwa, um die Nichtigkeit des Aktes auszusprechen, wie es das Wesen eines gesetzgeberischen Mitwirkungsrechts fordern würde, sondern um die Zurücknahme desselben oder eine Änderung seines Inhalts zu erwirken. Der Erfolg ihrer Einwirkung hängt aber von der Persönlichkeit des Herrschers[3] und seiner augenblicklichen Machtstellung ab[4].

Auf den grofsen Umfang der vom ständischen Monarchen einseitig geübten, sogar in das Gebiet des Verfassungsrechts hineinragenden Privilegialgesetzgebung[5] ist bereits hingewiesen worden.

Dem Mangel eines wahrhaften, inhaltlich bestimmten Mitgesetzgebungsrechtes der Stände entspricht aber

---

im Text, betreffend die Prager Appellationskammer und die landesfürstlichen Verwaltungsgerichte, dann Viroszil II S. 138 A. m, 126. Privatrechtlichen und publizistischen Inhalts ist die ungarische Bergordnung. In innigem Zusammenhange mit den wirtschaftlichen Regalien des Königs, wie z. B. dem Forst-, dem Fischerei-, dem Maut- und Strafsenregal u. s. w., steht die von ihm entfaltete Polizeigesetzgebung in betreff der Gegenstände des Regals.

[1] Über einseitig erlassene Zollordnungen vgl. Kries a. a. O. S. 34, 78 ff.; Rachfahl a. a. O. S. 273 ff.

[2] Neuere, in den Darstellungen des konstitutionellen Staatsrechts befangene Schriftsteller, welche ohne gründliche Prüfung der Quellen von einem Mitgesetzgebungsrecht der Stände sprechen, behelfen sich gegenüber den nicht wegzuleugnenden Fällen einseitiger Gesetzgebung durch den Monarchen mit der Konstruktion eines provisorischen oder Notgesetzgebungsrechts der Krone. So für das ungarische Recht Viroszil II S. 58, 69 A. t, S. 93, 126, 137 ff., 193. Indes ist die ungarische Bergordnung Maximilians II., sind die Centralbehörden der Hofkammer und des Hofkriegsrates, die Prager Appellationskammer niemals nachträglicher ständischer Genehmigung unterworfen worden. Vielmehr haben Landtagsabschiede die letzterwähnten drei Einrichtungen gegenüber den ständischen Petitionen um ihre Beseitigung einfach aufrecht erhalten. Um die Beseitigung der ungarischen Bergordnung ist überhaupt nicht petitioniert worden.

[3] So treten die schlesischen Stände gegen das Zolledikt Ferdinand I. vom 1. Mai 1556 ohne Erfolg auf, erwirken jedoch eine Revision seines Inhalts unter Mathias; Kries a. a. O. S. 73, 76, 82.

[4] Namentlich mit Hilfe des Steuerbewilligungsrechtes konnten die Stände mittelbar auf das ganze Gebiet der königlichen oder landesherrlichen Regierungspolitik einwirken, selbst auf jenes, das sich für einen bestimmenden Einflufs der Stände wenig eignet, z. B. auf Gnadenakte, auf Dislokation der Truppen; Kries a. a. O. S. 87; Viroszil II S. 113 A. h.

[5] Die Bedeutsamkeit der Privilegialgesetzgebung für das uugarische Recht wird gekennzeichnet durch den Rechtssatz, dafs nur der gekrönte König Privilegien verleihen könne, dafs sich die Rechtsstellung der „privilegierten Distrikte" auf Privilegien stützt, so dafs man sagen kann, das Königreich werde wesentlich jure privilegiali regiert. Viroszil I S. 300, 313, 791 ff., II S. 8, 65, 212.

auch der Mangel einer ausgeprägten Beschlufsform, deren Anwendung nur auf ständische Gesetzesbeschlüsse beschränkt wäre und zum Ausdrucke bringen würde, dafs es sich um eine rechtlich gebotene, vorgängige Zustimmung zu einem Akte des Königs oder des Landesherrn handle. Die Form der ständischen Verhandlungen über die staatlichen Angelegenheiten und ihrer Erledigung ist vielmehr, abgesehen von dem Fall eines Privilegiums und von den Fällen, in welchen ein königlicher oder landesherrlicher Akt feststellt, er sei mit Rat, Gutbedünken oder mit Wissen und Willen, Anweisung der Landschaft ergangen[1], folgende: die Stände stellen, nach Punkten[2] gegliedert, alles zusammen, was sie in betreff des Ganges der öffentlichen Angelegenheiten auf dem Herzen haben.

Diese Wünsche der Stände lassen nach Form und Inhalt jegliche Regel vermissen. Bald bieten sie in ganz denselben Angelegenheiten den vollkommen formulierten Text eines Rechtssatzes, bald nur die Bitte, Angelegenheiten dieser Art rechtlich in einer bestimmten Weise zu behandeln[3]. Es mangelt auch jegliche Form, die eine Scheidung zuliefse zwischen den Angelegenheiten, welche der rechtlichen Mitbestimmung der Stände, und welche ausschliefslich königlicher oder landesherrlicher Verfügung unterliegen sollen. Will man das durch moderne Rechtsbegriffe veranschaulichen, so kann man sagen, die Form der ständischen Petita bietet keine Möglichkeit für die Feststellung, ob es sich um eine verfassungsmäfsig notwendige Zustimmung zu einem Akt der Krone oder nur um eine Petition, eine Resolution handle über die Ausübung einer monarchischen Prärogative auf eine den Ständen erwünschte Weise[4]. Das nil de nobis sine nobis

---

[1] Unger a. a. O. S. 202, 210, 216, 230, 232 f. Ebenso Innsbrucker Hofhaltungsordnung für die Scheidung der königlichen und ständischen Zuständigkeiten.

[2] Der „Landschafft Begeren" heifsen sie im Augsburger Libell von 1510, Kärnthner Landhandfeste S. 54 ff.; Articuli in Ungarn. Über die in der ungarischen Litteratur übliche, technische Unterteilung der ständischen Petita, Viroszil III S. 26 f. A. f. Die nähere Erläuterung derselben zeigt ihre völlige Unverwertbarkeit für die Scheidung der königlichen und ständischen Zuständigkeiten.

[3] Sehr anschaulich machen dies die im Corpus juris Hungarici ab-abgedruckten Reichsabschiede, Decreti regni generalia; Viroszil III S. 56. Ich erachte deshalb die Bezeichnung „vom König erledigte Landtagsartikel" für wissenschaftlich richtiger als die in Ungarn übliche „Gesetzesartikel". Vgl. bes. den Abschied v. 1545.

[4] Es kann wohl kaum einem Zweifel unterliegen, dafs König und Landesherr in den Ständestaat die freie Verwaltung ihrer Einkünfte mitbringen. Wenn aber die Verschwendung der Fürsten für die Stände empfindlich wird, oder wenn er eine Organisation der Verwaltung seiner Kammern schafft, welche die ständische Steuerverwaltung kontrolliert, dann rühren sich die Stände und verlangen Abstellung. Unger a. a. O. S. 287; Kries a. a. O. S. 20 ff.; Rachfahl a. a. O. S. 324 ff.; dann den ungarischen D. A. § 14 ad 42: 1545 im Text S. 25.

bedeutet eben nicht mehr, als dafs das ständische Petitionsrecht sich auf alles erstreckt, was das ständische Interesse berührt. Die Scheidung zwischen Gegenständen, welche der monarchischen Prärogative angehören und welche nicht, hat für dieses Recht keine Bedeutung[1].

Der endgültigen Formulierung des hier gekennzeichneten ständischen Wunschzettels stellt nun der König oder Landesherr nach vorhergegangenen Verhandlungen Punkt für Punkt seine endgültige Antwort oder Erledigung gegenüber[2]. Dieser ganze Dialog[3], in welchem die entlegensten Dinge kunterbunt durcheinander gewürfelt werden, wird am Schlusse des Landtags in einer meist mehrfach ausgefertigten Urkunde niedergelegt und diese unter den verschiedensten Namen als Libell, Reichsabschied, Reichsschlufs, Reichsdekret u. s. w. verlautbart. Während also das konstitutionelle Gesetz die volle Übereinstimmung zwischen Monarchen und Parlament über dessen Inhalt zum deutlichen, formalen Ausdruck bringt, lassen die Landtagsabschiede jeglichen Dissens zwischen Herrscher und Ständen deutlich erkennen, sei es, dafs der Herrscher einem ständischen Petit nur mit einschneidenden Änderungen seines Inhalts Folge giebt, oder den Sinn derselben in seinem Interesse verdunkelt[4], oder dafs er es endlich geradezu ablehnt. Da nun alle Petita rechtlich unselbständig und auf Erledigung durch den Herrscher berechnet sind, so erscheint in allen Fällen, also auch im Falle des Dissenses, die rechtsförmlich als Abschied verlautbarte Erledigung der Krone als rechtlich mafsgebende Norm, und auch diese vielfach bezeugte Thatsache steht der Behauptung eines wahrhaften Mitgesetzgebungsrechtes der Stände entgegen[5].

---

[1] Hierzu Unger a. a. O. §§ 160—170 bes. S. 275 ff., S. 317 ff.; Rachfahl a. a. O. S. 101.

[2] Vgl. das Augsburger Libell a. a. O., die Petition der schlesischen Stände an Ferdinand I., Buchholtz II S. 563. Deák a. a. O. S. 97 bemerkt, der König habe auf dem Reichstag von 1722/23 ohne festes System über vielerlei Dinge Verfügungen getroffen. Das gilt aber von jedem Reichstag und ist nicht Schuld des Königs, sondern eine blofse Folge der Buntscheckigkeit der ständischen Petitionen.

[3] Ein Muster eines solchen Dialogs bildet das Augsburger Libell, in welchem Punkt für Punkt der Landschafft Begeren und der Kay. May. Mainung gegenübergestellt werden, und der ungarische Reichstagsabschied von 1545 oder das Responsum Sacrae Reg. Majestatis ad Articulos Constitutionum Diaetae Anno Domini 1545 Tyrnaviae celebratae.

[4] Vgl. auch Viroscil II S. 3.

[5] Diese, der Entwicklung eines ständischen Gesetzgebungsrechtes ungünstige Wirkung der Erledigung der wörtlich in dieselbe aufgenommenen Petitionen der Stände mittels landesfürtlichen, zuweilen auch ablehnenden und modifizierenden Landtagsabschiedes wird von v. Below, Territorium S. 243 übersehen.

So verlangen die österreichischen Stände auf dem Augsburger Landtag, unter Berufung auf ihre Landesprivilegien, unbedingte Abstellung der landesfürstlichen Kommissionen zur Untersuchung des Ganges der bei den Landrechten anhängigen Prozesse[1]. Diesem Begehren wird in vollem Umfange nicht stattgegeben, vielmehr behält sich der Kaiser die Anordnung solcher Kommissionen vor, wenn die Richter „verdechtlich oder partheyisch weren", ein Vorbehalt, welcher bei dem Umstande, als das Urteil über die Erfüllung seiner Voraussetzung beim Kaiser steht, auf eine Ablehnung des ständischen Begehrens hinausläuft. Das Petit des ungarischen Landtags von 1559, der König möge in den Angelegenheiten seiner getreuen Ungarn (d. i. der ungarischen Stände) sich nur ungarischer Räte bedienen, zielt, wie sein weiterer Inhalt beweist, auf die Abschaffung der Centralbehörden des Hofkriegsrates und der Hofkammer in Wien ab. Es wird ihm aber nur soweit nachgegeben, als es sich um die justitia jura libertatesque Regni (also um die Rechte der Landschaft) handle, wozu eben Kammer- und Heeresverwaltung nicht gehöre, weshalb es bei den beiden Centralbehörden zu verbleiben habe. Im Jahre 1536 verlangen die ungarischen Stände, die fremden Offiziere und Kommandanten sollten aus den befestigten Plätzen entfernt werden. Darauf bekommen sie im D. A. 43: 1536 die Antwort: Das sei augenblicklich undurchführbar. Bei günstig veränderter politischer Lage wolle der König den Ständen keinen Anlaſs zu Beschwerden bieten. Eine unumschränkte Ablehnung[2] erfährt aber Punkt 42 der ständischen Begehren des Reichstags von Tyrnau von 1545 um vollständige Ablösung des ungarischen Kammerwesens von der Hofkammer durch Aufstellung eines ungarischen Schatzmeisters und zwar mittels des § 14 des königlichen Responsum: Videtur itaque Sacrae regiae Majestati, proventibus suis Regiis aut Regionalibus non conveniens, neque opus esse publico decreto praeficiendum Thesaurarium ... quum ut alius quisquam, ita ambae Majestates merum jus et potestatem suorum redituum et officialium super iis constituendorum habere velint et debeant. Ein bemerkenswertes Beispiel aus der Zeit nach der äuſserlichen Rezeption der Montesquieuschen Gewaltenteilung, also aus vorgerückter Stunde, für die Verdunkelung eines von den Ständen behaupteten wichtigen Rechts durch den Landtagsabschied bietet der ung. D. A. 1: 1802, in welchem der König die unterthänigste Darbietung des bewilligten Rekrutenkontingents annimmt, mit dem vagen Vorbehalt, ne per hanc acceptationem praehabitis Regiis in ratione defensionis Juribus quidpiam derogetur[3].

---

[1] Kärnthner Landhandf. S. 65.
[2] Vgl. auch Viroszil III S. 246 Anmerkung zum Schluſs.
[3] Die Fortdauer der alten Petitionsform und der modifizierenden,

Der Behauptung eines Gesetzgebungsrechts stehen deshalb folgende Thatsachen gegenüber:

Das Ständerecht kennt entweder den Satz, daſs zu allen Gesetzen die Zustimmung der Stände erforderlich sei, überhaupt nicht, oder macht ihn durch die staatliche Praxis zu Schanden[1].

---

dilatorischen Antworten und salvatorischen Klauseln des ungarischen Königs auch nach dem Landtage von 1790/91 beweisen der Abschied dieser Landtagssession selbst und die ihm nachgefolgten Dekrete. Vgl. Tezner, Österr. Kaisertitel u. s. w. S. 20 ff., 24 A. 26, S. 25. Auch diese weisen den buntesten Inhalt auf und stehen deshalb der Bestimmung jener Angelegenheiten, für deren Erledigung voller Konsens zwischen König und Ständen erforderlich ist, auch damals noch hindernd entgegen. Dies wird selbst von ungarischen Publizisten der Gegenwart zugegeben. Vgl. z. B. Schwicker in Grünhuts Zeitschrift 26. Bd. S. 473; Nagy im österr. Staatswörterbuch II S. 1291. Von älteren Schriftstellern vgl. Cziráky a. a. O. S. 400: jam minime mirum apparebit, de objectorum comitialium, ad legislationem stricte pertinentium, numero, doctos etiam Patriae viros tantopere variare inque ipsis adeo Conventibus publicis disceptationes haud infrequenter oriri und das dort angeführte Citat aus Schwartner, Statistik des Königreichs Ungarn; ferner Viroszil II S. 3, 87, 113 A. p, 191 f, 260 A., 409, III 1, 23, 29 A. h. Daſs die verzweifelten, von Viroszil zuweilen mit Hilfe des Vernunftrechts(!) unternommenen Versuche der Abgrenzung zwischen ständischem Gesetzgebungs- und landesherrlichem Verordnungsrecht wie auf II S. 67, 70, 71 A. w, 72, 146 ff., 148, 150, 161β, 171, 176, 194, 205, 209, 223 f., 215 A. g, 223 f., 225, 228 f. jedes wissenschaftlichen Wertes entbehren, lehrt der erste Blick. Das Miſsglücken dieses Versuchs ist eine notwendige Folge der im Texte gekennzeichneten Verschwommenheit des ständischen Staatsrechts. Trotzdem behauptet Balogh a. a. O. Nr. 243, die Grenze zwischen Gesetz und Verordnung sei im ungarischen Ständerecht genau(!) gezogen gewesen. Als liquide Grenzen der kgl. Gewalt führt er an die Mitgliedschaft beim Landtage, das Eigentum, die Freiheitsrechte der Bürger, das Heereskosten- oder das Steuerbewilligungsrecht. Vgl. hierzu Tezner in Grünhuts Zeitschrift 25. Bd. S. 356, dann dessen Österr. Kaisertitel u. s. w. S. 21, 29 ff., 34 f. und hier S. 29 A. 2. Für die einseitige privatrechtliche Regelung von Eigentumsfragen ist ein hervorragendes Beispiel die Bergordnung (Viroszil II S. 208) Maximilians II., für die publizistische Beschränkung von Eigentum und Freiheit die umfassende Polizeigesetzgebung des Königs; Viroszil I S. 42, II S. 144, 100 h; Cziráky a. a. O. § XVI. — Freiheitsrechte der Bürger im Sinne der déclaration des droits de l'homme et du citoyen hat es im ungarischen Ständestaate nie gegeben. Aber von allen andern Gründen abgesehen, schon die Aufnahme abschlägiger Erledigungen ständischer Postulate und salvatorischer Klauseln, selbst bei Erledigung der Bewilligung des Rekrutenkontingentes in den Reichsabschied steht nicht nur der Abgrenzung von Gesetz und Verordnung im ungarischen Ständerecht, sondern der Übertragung dieser Begriffe überhaupt auf das ständische Staatsrecht entgegen.

[1] Letzteres gilt z. B. von dem D. A. 10: 1790/91, dessen Erlaſs nicht die geringste Änderung in der Form der ständischen Beschlüsse und ihrer Verabschiedung hervorruft und der auch aus dem ferneren Grunde der Scheidung von Gesetz und Verordnung abträglich ist, weil die consuetudo als verfassungsrechtliche Rechtsquelle auch durch den Reichsabschied von 1790/91 aufrecht erhalten wird und weil die consuetudo sich auch nachher noch in der Richtung des Absolutismus bewegt. Vgl. hierzu unten S. 48 f., 51 A. 2.

Ihm mangelt überhaupt die Tendenz der Abgrenzung der Teilnahme der Stände bezüglich des weitaus gröfsten Teils der staatlichen Angelegenheiten und der Bestimmung der rechtlichen Wirkung derselben[1].

Das Ständerecht bildet keine bestimmte Beschlufsform aus, welche ausdrücken würde, dafs für die Wirksamkeit bestimmter Beschlüsse die vorgängige Zustimmung der Stände verfassungsmäfsig notwendig sei.

Das ständische Staatsrecht kennt ferner eine Gesetzgebung in der Form der Verlautbarung abschlägiger Bescheide des Herrschers auf ständische Petita als mafsgebender Rechtsnormen und zwar selbst in solchen Fällen, wo es sich vom Standpunkte des modernen Staatsrechts um grundlegende Bestimmungen des Verfassungsrechts handelt[2].

---

[1] Unger a. a. O. S. 225 f.; „Unter solchen Verhältnissen konnte sich ein allgemeiner und bestimmter Grundsatz über den Anteil, welcher dem Fürsten einerseits und den Landständen andererseits an der Gesetzgebung zukomme, nicht ausbilden. Es hing vielmehr alles von der Dringlichkeit der Umstände, von der Energie und Kraft der Fürsten und von der Gröfse der entgegenstehenden Interessen ab." A. a. O. S. 231 f., 233 f., 274. Für das deutsche Reichsrecht betont diese Schwierigkeit Schröder, Lehrbuch der deutschen Rechtsgeschichte 3. Aufl. S. 506. Trotzdem spricht er von einem Rechte der Reichsstände zum Erlafs von Reichsgesetzen. Das müfste aber unter Festhaltung der im Text entwickelten Gesichtspunkte nachgewiesen werden. Vgl. dagegen Bluntschli, Allgemeines Staatsrecht S. 53; Jäger II 1 S. 31. Viroszil III S. 29 A. h bezeichnet die von ungarischen Schriftstellern unternommenen Versuche zur Bestimmung der Kompetenz des Reichstags als jeglicher Präcision entbehrend. Aber auch der seine verdient kein anderes Urteil. Es handelt sich eben um einen Versuch des Unmöglichen. Die Behauptung Ungers a. a. O. S. 442, das Einungswesen habe zu einer genaueren Bestimmung der dem Schutze der Landesversammlung anheimgestellten Rechte geführt, kann nur auf die ständischen Vorrechte bezogen werden; sofern sie auf die Teilnahme an der Erledigung von Landesangelegenheiten gemünzt wäre, ist sie falsch und im Sinne des obigen Citates auf S. 225 zu berichtigen. Wie vage die Bestimmung des Anteils der Stände in den Privilegialerklärungen selbst ist und wie weit entfernt von modernen Verfassungsgesetzen über die Kompetenz der Parlamente, zeigt die Bestätigung des tirolischen Landesprivilegiums durch Ludwig den Markgrafen von Brandenburg aus dem Jahre 1342. Darnach soll der Herzog nach dem Rate der Besten regieren. Jäger II 1 S. 82, 281.

[2] Balogh a. a. O. citiert gegen meine Ausführungen über den nachteiligen Einflufs der Petitionsform auf die Entwicklung der ungarischen Verfassung die sehr schwächliche Bemerkung Deáks a. a. O. S. 105 ff., „die ungarische Nation habe aus Ehrerbietung gegen den Monarchen diese Vorschlagsform auch in Fällen eines rechtmäfsig gar nicht abzuweisenden Verlangens gewählt." Diese Bemerkung kann sich nur auf die Gravaminalthätigkeit des Landtags beziehen, da in betreff der Gesetzesvorschläge niemals ein Anspruch auf kgl. Sanktion bestanden hat. (Viroszil II S. 59 A. k.) Allein die citierte Bemerkung entkräftet in keiner Weise zwei von mir aufgestellte durch die ungarische Verfassungsgeschichte bekräftigte Behauptungen: 1. Die unterschiedslose, auf alle Gegenstände landständischer Verhand-

Endlich stellen die mächtigeren Glieder und Gruppen der Landschaft auch ihre Privilegien als Schranke für jeglichen gesetzgeberischen Willen auf, also auch für den Einfluſs der Landschaft selbst auf die Gesetzgebung[1]. Man hat demnach, wenn man diesen Einfluſs juristisch bestimmen will, fast alle Vorstellungen fallen zu lassen, welche sich an das Gesetzgebungsrecht, richtiger an die Gesetzgebungskompetenz der modernen Parlamente knüpfen. Will man um jeden Preis diesen Einfluſs an modernen Rechtsbegriffen messen, so dürfte dem Rechtszustande des Ständestaates folgende Formulierung am besten entsprechen: Gesetz ist jedenfalls, was der König oder Landesherr[2] als rechtlich verbindlich

---

lung angewendete Petitionsform erweist sich als niemals überwundenes Hindernis für die Entwicklung eines wahren Gesetzgebungsrechtes der ungarischen Stände und für die Bestimmung seines Gegenstandes. 2. Das Vorkommen dissentierender Erledigungen ständischer Petitionen in den kgl. Verabschiedungen derselben, den sog. Dekreten, welche auch nach dem Jahre 1791 nicht verschwinden, gestattet nicht, den vorgehenden Konsens des Landtags als unerläſsliche verfassungsmäſsige Voraussetzung der Verbindlichkeit des Dekretes aufzufassen, sondern drückt die ständische Mitwirkung zu den Gesetzen auf eine bloſse Initiative oder auf bloſse Beratung herab. Unzweifelhaft hat sich in der gegenwärtigen Epoche äuſseren Glanzes des ungarischen Verfassungslebens die Ehrerbietung der Nation gegenüber dem König im Vergleich zu jener in der ständisch-absolutistischen Zeit nicht gemindert. Deshalb wird es doch niemand einfallen, die Rückkehr zur Petitionsform als mit dem Gesetzgebungsrecht des ungarischen Reichstags vereinbar und für dessen Fortbestand unbedenklich zu erklären. Anderseits bedeutet der Übergang der englischen Petition zur Bill nicht bloſs eine rechtlich gleichgültige Veränderung der Gesetzesform, sondern die Umwandlung eines abweichender Erledigung fähigen Vorschlags in die verfassungsmäſsig notwendige Zustimmung zum Erlasse eines Gesetzes. Über den ungünstigen Einfluſs der Petitionsform auf die Herausbildung eines liquiden Gesetzgebungsrechts der ungarischen Stände vgl. auch Viroszil II S. 3 f. A. e.

[1] Sehr gut wird die Unmöglichkeit der Bezeichnung dieses Einflusses als eines Mitgesetzgebungsrechts für das ungarische Recht bereits von dem ungarischen Schriftsteller Lakits in seinen 1810 geschriebenen Juris publici Hungariae primae lineae entwickelt. Viroszil II S. 147 f. A. f., S. 215 f., A. f.

[2] Bemerkenswert ist, daſs selbst die goldene Bulle des ungarischen Königs Andreas II. von 1222, welche uns die kgl. Gewalt im Zustande tiefster Erniedrigung zeigt, sich formell als Anordnung des Königs giebt. Quodsi vero nos vel aliquis successorum nostrorum aliquo unquam tempore huic dispositioni nostrae contraire voluerit, heiſst es bei der Anerkennung des ständischen Einigungs- und Widerstandsrechts. Deshalb bezeichnet Werböcz P. II t. 3 § 4 die constitutiones Regni trotz der Mitwirkung des populus als Principis et non populi statuta. Nach Balogh a. a. O. Nr. 242 übten König und Stände die gesetzgebende Gewalt als zwei gleichberechtigte Parteien, als gleichgestellte Teilhaber der Souveränität aus, und Gesetz wurde nur das, worin König und Reichstag als zwei gleichberechtigte Parteien übereinkamen. Diese Behauptung steht in offenkundigem Widerspruch zu den im Text angeführten, reichlich vermehrbaren Beispielen von Komitialdekreten oder Reichstagsabschieden, welche abweichende und abschlägige Erledigungen der ständischen Petite verlautbaren, sie steht im Widerspruch mit den

anordnet[1], und was sich, in rechtlicher Geltung behauptet, gleichviel, ob die Anordnung mit oder ohne oder selbst gegen den Willen der Stände erlassen worden ist[2]. Der Einfluſs der Stände auf die Gesetzgebung gleicht am meisten dem modernen Initiativ-, Petitions-, Resolutions- und Beschwerderecht[3].

---

die verschiedenartigsten Gebiete des staatlichen Lebens umfassenden, an keine reichstägliche Ermächtigung anknüpfenden constitutiones regiae (Cziráky § XVI), sie steht im Widerspruch mit der Form der Komitialdekrete, welche sich darstellen als Genehmhaltung oder Sanktion auf ergangene unterthänigste Bitte der Stände, eine Form, die unverändert vor wie nach dem Landtag vor 1790/91 eingehalten wird. Es kann also, abgesehen von den vereinzelten Beispielen der pacificatio Viennensis und Licensis, nicht bezweifelt werden, daſs von den beiden Erklärungen des Königs und des Reichstags kreatorische Bedeutung nur der ersteren zukommt. Es verordnen nicht König und Stände, sondern der König auf Bitten der Stände. Bezeichnenderweise hat sich der Ausdruck pragmatische Sanktion für das ungarische Thronfolgegesetz auch in der ungarischen Verfassungssprache eingebürgert (§§ 7, 8 G. A. XII 1867), ungeachtet es als Vertrag zwischen König und Nation hingestellt wird. Das deutet darauf hin, daſs selbst der zwischen Landtag und Krone vereinbarte Wille nur in seiner Form als königlicher Wille, nach Werböcz als Statutum principis Gesetz schafft. So macht auch nach der böhm. L.O. Nr. 64 Fol. 369 W. 13 die kgl. Anordnung den dort angeführten Vertrag zwischen König und Ständen zum Gesetz. Vgl. auch Cziráky § 406, wonach das Decretum Comitiale entsteht, indem res mutuo consensu conclusae Regi praesentantur, addendo preces ut assensu suo et auctoritate ratas habeat. Viroszil a. a. O. I S. 277 A. b, II S. 59 A. k, S. 64 A. p, S. 65 A. q. Übrigens teilt Balogh den Lesern des Pester Lloyd auch mit, daſs auch der gegenwärtige österr. Reichsrat kein selbständiges Organ der Gesetzgebung, sondern ein bloſser Beirat sei!

[1] Gleichviel ob auf offenem Landtag oder auſserhalb desselben. Wenn deshalb Viroszil III S. 55 Übereinstimmung von König und Ständen für den Reichsabschied (a. a. O. S. 56) fordert, so wird er durch den Wortlaut der Decreta comitialia vielfach widerlegt. Man könnte die Übereinstimmung im Falle ablehnender kgl. Responsa künstlich so konstruieren, daſs man sie in der Hinnahme der Antwort durch die Stände und in der Zulassung der Aufnahme in den Abschied erblickt (a. a. O. S. 56). Allein es ist nicht nur ein formaler, sondern ein groſser materieller staatsrechtlicher Unterschied zwischen der Zustimmung zu kgl. Akten und dem bloſsen „sich in dieselben fügen". Die gesetzlich geforderte ausdrückliche Zustimmung des modernen Parlaments kann durch unausgesprochene Unterwerfung unter den kgl. Willen nicht ersetzt werden und ein Dissens zwischen König und Parlament, welcher in einer als konstitutionelles Gesetz verlautbarten monarchischen Anordnung zu Tage tritt, nimmt derselben die Gesetzeskraft. Tezner in den Wiener Juristischen Blättern Jahrg. 1887 Nr. 4—9. Vgl. auch v. Below, Territorium S. 270, 272 f.
[2] Kries a. a. O. S. 73 ff., 76.
[3] Viroszil II S. 2, 71, 75 A. c, d, S. 76 f. A. e, III S. 26 f. A. f. Für das ganze Verhältnis ist es, soweit Ungarn in Betracht kommt, sehr charakteristisch, daſs Propositionen des Königs an den Landtag gesetzgeberischen Inhalts ungleich seltener sind als die Petitionen der Stände um Änderung des Vorgehens des Königs oder um ein bestimmtes Verhalten desselben in Angelegenheiten dieser oder jener Art. Vgl. ferner die Promulgationsformel bei Unger a. a. O. S. 232, wonach

Da nun einerseits im Ständestaat sich nur das Gesetzgebungsrecht des Königs- oder des Landesherrn voller Liquidität erfreut[1], während andererseits, wie das Tripartitum des Werböcz beweist, aus der Thatsache allein, dafs staatliche Angelegenheiten auf den Landtagen verhandelt und mittels königlicher Antwort, wenn auch abweichend von den ständischen Beschlüssen, erledigt werden, von zeitgenössischen Schriftstellern ein Mitwirkungs- und Zustimmungsrecht der Stände bald zu allen Gesetzen, bald zur Erledigung der wichtigeren Angelegenheiten abstrahiert wird, so folgt hieraus für die historische Forschung die Pflicht, selbst solche Äufserungen von Rechtsbüchern, Urkunden und von Privilegien, welche deutlich von einer ständischen Zustimmung zu Akten des Herrschers sprechen, mit grofser Vorsicht aufzunehmen und auf Grund sorgfältiger Prüfung der wirklichen ständischstaatlichen Praxis festzustellen, ob wir es mit einem wahrhaften, der parlamentarischen Zustimmung vergleichbaren Konsens zu thun haben oder nicht[2]?

---

die sächsische Landesordnung von 1482 erlassen wurde „auf Anrufen, demütige und fleifsige Bitte der Stände aus fürstlicher Macht und Gewalt." Wie übrigens in der ständisch-staatsrechtlichen Terminologie innerlich verschiedene Ausdrücke für den staatlichen Einflufs der Stände, ohne Bewufstsein dieser Verschiedenheit, also ganz regellos gebraucht werden, beweist die tirolische Malefizordnung Maximilians I., welche dieser erläfst „nach zeitigem Rath, besunderlich(!) diemütig Bete unserer Landschaft als regierender Herr und Landesfürst". Jäger II 2 S. 386.

[1] Viroszil II S. 2, 7. Nur die Konsequenz dieser Thatsache hat die vernewerte Landesordnung für Böhmen und Mähren gezogen, indem sie das jus legem ferendi dem König allein zuspricht, ungeachtet das Petitionsrecht der Stände nach wie vor bestehen bleibt. Declaratio dubiorum Ferdinand III.

[2] v. Below I S. 69, II S. 50 A. 175, S. 53 A. 191; Unger a. a. O. S. 231 ff. Beispiele mangelnder Übereinstimmung der Praxis mit solchen Feststellungen bietet v. Below I S. 35, 50 A. 175. Ein Vergleich der Terminologie des ständischen Staatsrechts und der Praxis lehrt, wie bereits bemerkt, dafs mit den Ausdrücken, ein Akt sei mit Wissen, Willen, Rat, Gutbedünken, auf Klage, Anrufen, Bitte der Stände ergangen (Unger a. a. O. S. 63, 202, 213, 216, 230, 232 f., 289, 334, 341) keine feste Bedeutung verbunden wird, dafs sie vielmehr promiscue gebraucht wurden, und nicht, um die rechtliche Notwendigkeit und eine bestimmte rechtliche Form der ständischen Mitwirkung, sondern die Thatsache derselben auszudrücken und den ergangenen Akt gegen Unbotmäfsigkeit und gegen die Beschwerden der Stände zu sichern. Vgl. auch Viroszil a. a. O. II S. 7, welcher aus den im Text erwähnten Gründen eine sorgfältige Kritik gerade von dem Darsteller des altungarischen Ständerechts fordert. Freilich läfst sich dieselbe mittels des Vernunftrechts nicht leisten. A. a. O. II S. 4, III S. 27 A. i. Der Widerspruch zwischen Werböcz P. II tit. 3 § 3 und seiner Bemerkung in der Vorrede des Tripartitum über die fruchtbare Gesetzgebung ex cujusque fere Principis ac regis nutu et arbitrio ist ein in die Augen springender.

IV.

Neben dem Mitgesetzgebungsrecht der Stände ist zuweilen von einer Autonomie, von einem Selbstgesetzgebungsrecht derselben die Rede. Namentlich wird ein solches für das Gebiet der inneren Verwaltung im engern Sinne d. W. behauptet[1]. Der Ausdruck Autonomie wird hierbei ganz anders verstanden als im modernen Staatsrecht. Für dieses ist Autonomie das Recht eines Personenverbandes innerhalb des Staatsgebietes, im Rahmen der für dasselbe bestehenden Rechtsordnung den Verbandszweck, das Verbandsverhältnis durch Rechtsnormen zu regeln, oder auch durch Aufstellung von Rechtsnormen für bestimmte Lebensverhältnisse Gebietsherrschaft zu üben. Als autonom gelten also jetzt z. B. öffentliche Genossenschaften im Rahmen ihrer Befugnis zur Regelung des Genossenschaftszwecks und des Genossenschaftsverhältnisses, die Gemeinde als Subjekt eines begrenzten Polizeiverordnungs- und Steuerausschreibungsrechts, der Gliedstaat innerhalb des Bundesstaates auf dem von der bundesstaatlichen Gesetzgebung nicht erfaſsten Gebiet. Die moderne Autonomie ist also, sowohl, was die ihr unterliegenden Lebensverhältnisse als auch, was ihre territoriale Wirksamkeit betrifft, beschränkt. Sie ist eine Gesetzgebung innerhalb des Staates und keine Gesetzgebung eines einer höheren Rechtsordnung nicht weiter unterworfenen Staates selbst. Die Autonomie, welche den Ständen zugesprochen wird, bedeutet aber ein Alleinrecht der Stände, in einem bestimmten Umfange Landesgesetze zu erlassen, welche den modernen Staatsgesetzen eines einfachen Staates entsprechen und für welche im konstitutionell-monarchischen Staatsrecht ein Analogon nur dann bestände, wenn auf einem verfassungsmäſsig bestimmten Gebiete die Zuständigkeit zum Erlasse von Gesetzen mit verbindlicher Kraft für jedermann und für das ganze Staatsgebiet dem Parlamente allein gebühren würde[2]. Diese sogenannte Autonomie wird aus der Thatsache erschlossen, daſs zahlreiche Gesetze auf dem Gebiete der inneren Verwaltung die Form verlautbarter Landtagsschlüsse tragen.

Bei näherer Betrachtung erweist sich auch dieses Alleingesetzgebungsrecht von dem Augenblick ab, in welchem von der Krone der Begriff der Regalien, der Majestätsrechte im

---

[1] Rachfahl, Gesamtstaatsverwaltung Schlesiens S. 152 und bei Schmoller S. 355.
[2] Man denke übrigens an parlamentarische Staaten mit nur suspensivem Veto des Monarchen. Faſst man hier den Fall ins Auge, daſs der Beschluſs des Parlaments wegen Erschöpfung der Kraft des Veto Gesetz wird, so hat man es mit einem Verhältnis zu thun, welches jenem gleicht, das nach Rachfahl Autonomie sein soll.

praktischen Leben entfaltet und der Selbstversammlung der Stände ein Ende gesetzt wird, als ein Schein. Vor allem fehlt es an der Möglichkeit, das Objekt dieser Alleingesetzgebung derart abzugrenzen, als es nötig ist, um sie zum Gegenstande eines subjektiven Rechtes zu erheben und feststellen zu können, wann und wo eine Verletzung dieses Rechtes vorliegt[1]. Wir finden gerade auf jenem Gebiete, welches als Hauptgebiet dieser ständischen Autonomie bezeichnet wird, nämlich auf jenem der Polizeigesetzgebung, in ganz derselben Zeit nebeneinander Anordnungen, welche von dem Herrscher allein, solche, welche von den Ständen allein beschlossen werden[2]. Wir finden ferner, dafs vom Zeitpunkt der Entfaltung des Regalitätsbegriffs der König als Landesherr eine einseitige gesetzgeberische Thätigkeit auf dem ganzen Gebiet der inneren Verwaltung entfaltet, und dafs etwaige an dieselbe sich knüpfende ständische Petitionen das einseitige Vorgehen nicht als Eingriff in ein ständisches Alleingesetzgebungsrecht, sondern nur darum rügen, weil keine Befragung der Stände erfolgt ist[3]. Wird endlich von dem Alleingesetzgebungsrecht der Stände erzählt, dafs es vom Zeitpunkte der Entfaltung des Regalitätsgedankens nicht mehr auf eigenen Füfsen zu stehen vermochte und Anlehnung an die Autorität königlicher Betätigung gesucht habe[4], so erscheint das ganze hier erörterte Verhältnis viel zu verschwommen, um die stolze Bezeichnung eines Alleingesetzgebungsrechtes zu rechtfertigen. Die richtige Erklärung ist etwas einfacher und schlichter. Wenn noch zur Zeit des entwickelten Regalitätsbegriffs und selbst nach dem dreifsigjährigen Kriege Gezetze in der Form von Landtagsschlüssen hinausgehen, so hat das seinen Grund bald in der Passivität des zur Gesetzgebung zunächst berufenen Herrschers[5], bald in einem Ent-

---

[1] Vgl. z. B. die jeglicher Präcision entbehrenden Angaben Rachfahls über diese Autonomie a. a. O. S. 152 f., verglichen mit S. 142.
[2] Tezner, Landesfürstliche Verwaltungsrechtspflege S. 50 A. 40, S. 68 A. 71; Kries a. a. O. S. 29, v. Below I S. 58 A. 223, Rachfahl a. a. O.
[3] 1584 beschweren sich die schlesischen Stände, dafs der gregorianische Kalender ohne vorgängige Mitteilung an den Fürstentag eingeführt worden sei, ganz so wie 1720 die tirolischen, dafs ihnen nicht, die pragmatische Sanktion consultando zu überlegen, erlaubt gewesen sei; Rachfahl a. a. O. S. 152 A. 1; Bidermann II S. 46, 262. Zwei zeitlich soweit auseinander liegende, inhaltlich gleiche, verschiedene Gebiete treffende Beschwerden lehren deutlich, was für eine Bewandtnis es mit dem ständischen Gesetzgebungsrecht überhaupt gehabt habe. Übrigens weifs selbst das auf streng ständischer Auffassung ruhende Tripartitum des Werböcz von einem Alleingesetzgebungsrecht der ungarischen Stände nichts.
[4] Rachfahl a. a. O. S. 152 f.
[5] Dieses Verhältnis wird gut ausgedrückt durch die Antwort der schlesischen Stände auf die Aufforderung des Königs Mathias, einen

lastungsbedürfnis¹ desselben, welches durch seine Befassung mit wichtigeren Gesamtinteressen hervorgerufen wird, und welchem freilich auch die Stände ohne grofse Lust entgegenkommen². Wir haben es also einmal mit einer Gesetzgebung kraft Duldung, Zulassung oder kraft eines ausdrücklichen Wunsches der Krone zu thun, nicht mit einem Rechte auf Alleingesetzgebung gegenüber der Krone. Dann aber bietet sich noch folgende Erwägung: Vom Zeitpunkte der Beseitigung der Selbstversammlungen der Stände³ ist die Berufung des Landtags, seine Leitung und Schliefsung, selbst jus regium oder Regale und der Landesbeamte, der diese Akte vornimmt, **handelt damit jedenfalls auch als Repräsentant des Herrschers**, dessen Rechte er gegenüber der Landschaft zu wahren hat⁴. Es erscheint auch aus diesem Grunde staatsrechtlich unstatthaft, einen durch den Repräsentanten des Herrschers verabschiedeten Landtagsschlufs von der Persönlichkeit des letzteren abzulösen und auf sich selbst zu stellen, er bleibt vielmehr ein **unter der Autorität des Königs oder Landesherrn gefafster Beschlufs**⁵.

Die Probe für die Richtigkeit dieser Behauptung bietet uns die ständische Verfassungsgeschichte der Länder Böhmen und Mähren. Hier gewahren wir auch nach der vernewerten Landesordnung aus den Jahren 1627 und 1628 die Stände auf

---

Landfrieden zu beraten: „er wäre König und Herr, wie er mit seinen Herrn und Räten erkennete für das Beste, wollten sie gehorsam sein." Kries a. a. O. S. 2 A. 1.

¹ A. a. O. S. 8, 81. Vgl. auch v. Below, Territorium S. 259.

² Vgl. oben S. 20f. A. 5. Wie die gesetzgeberische Arbeit zwischen Krone und Ständen hin- und hergeschoben wird, ersieht man aus den Fürstentagsbeschlüssen von 1545, 1551, 1556, 1558 bei Schikfufs, New vermehrte schlesische Chronica III S. 179, 186, 194, 200. Vgl. auch Unger a. a. O. S. 227. Die ständischen Gesetzesbeschlüsse gehen über das Gebiet der Polizei oder der inneren Verwaltung hinaus, so der über die Androhung der Galeerenstrafe gegen Bettler, Landsknechte (a. a. O. S. 181 f., 194, 197); Unger a. a. O. S. 319 f., 321; Rachfahl a. a. O. S. 153.

³ Nach v. Below, Territorium S. 235 längstens im 17. Jahrhundert, in den österreichischen schon im 16.

⁴ Kries a. a. O. S. 1, 29. Auch nach ungarischem Recht kann der König, wenn er will, den Landtag selbst leiten, und die hierfür berufenen Landesbeamten thun dies an seiner Stelle und haben deshalb auch seine Interessen gegenüber ständischen Beschlüssen zu wahren; Viroszil III S. 8 f., 43 A., 49. Nach vorgeschrittenem englischen Recht ist der rex caput, initium et finis parliamenti. Die Präsidenten der kontinentalen Kammern vertreten den Monarchen nicht. Der Monarch kann den zur Leitung der ständischen Versammlung an seiner Statt berufenen Beamten instruieren; Rachfahl a. a. O. S. 159, 160 u. A. 4.

⁵ Dafs es in der ständischen Epoche nicht zulässig ist, aus der Form und dem Inhalt eines Landtagsschlusses den Ausschlufs jedes rechtlichen Einflusses der Krone und ein Alleingesetzgebungsrecht der Stände zu folgern, lehrt die Bemerkung bei v. Below II S. 50 A. 175.

den verschiedensten Gebieten und auch auf solchen, welche seit jeher als den Regalien zugehörig erachtet wurden[1], in der Form von Landtagsschlüssen gesetzgeberisch thätig[2], ungeachtet beide Landesordnungen den Gedanken an ein ständisches Gesetzgebungsrecht entschieden ablehnen und dieses Recht für ein Regale erklären! Es handelt sich eben nur um eine Gesetzgebung kraft königlicher Zulassung[3]. Man kann also zu der hier[4] bereits aufgestellten, die Gesetzgebung im monarchischen Ständestaate betreffenden Formulierung noch hinzufügen, es sei hier auch das Gesetz, was als solches unter Autorität und mit Zulassung der Krone von den Ständen als Gesetz beschlossen wird.

Soferne eine wahrhafte Autonomie im Ständestaate zu Gunsten von Korporationen und anderweiten Personengesamtheiten, wie z. B. für herrschende Familien, besteht, ist sie zum Teil vor oder mit der Bildung des Ständestaates auf dem Wege historischer Entwicklung oder durch Privileg entstanden, oder sie wird späterhin durch Privileg verliehen. Sie gehört keinesfalls zum Wesen der Ständeverfassung und ihr Höhepunkt ist jedenfalls schon im 15. Jahrhundert[5], also geraume Zeit vor dem Niedergang des Ständewesens, überschritten. Schon vom 15. Jahrhundert ab verliert die Autonomie ihr Selbstbehauptungsvermögen und sucht die Anlehnung an die organisierte landesfürstliche Gewalt[6].

---

[1] So z. B. in Juden- und Mautsachen; Elvert 16. Bd. der Schriften der mährisch-schles. Gesellschaft S. 840 ff. Nach den Deklaratorien Ferdinand III. zur vernewerten L.O. sollen die Stände freilich nichts beschliefsen dürfen, was die kgl. Person, Hoheit, Autorität und Regalien betrifft und nur aufserhalb dieses Rechtskreises gelegene Dinge mit Vorwissen des königlichen Kommissars verhandeln dürfen. Es giebt aber nichts mehr, was nicht mit den kgl. Rechten in Zusammenhang gebracht werden könnte. Wir gewahren deshalb auch die Stände über Regalia verhandeln. Diese Verhandlungen können dann freilich durch Berufung auf die L.O. und auf ihre authentische Interpretation seitens des Leiters, sowie seitens des kgl. Kommissars abgeschnitten werden.
[2] A. a. O. S. 600—615, 622, 626 f., 656, 662 ff., 668, 839—860.
[3] Hier sind anzuführen die bereits erwähnten Versuche Leopold I., die Aufstellung einer Polizeiordnung durch die mährischen Stände zu bewirken. A. a. O. S. 855 f.
[4] Vgl. oben S. 28 f.
[5] Gierke I S. XXIV, 667 läfst die Epoche des Niedergangs der mittelalterlichen Autonomie infolge der Entwicklung des obrigkeitlichen Staates mit dem Jahre 1525 beginnen. Vgl. auch v. Below, Territorium S. 274, 290 f. Der Kampf gegen die Autonomie der staatsähnlichen Verbände innerhalb des Deutschen Reiches und innerhalb seiner Territorien beginnt indes schon viel früher. Buchholtz 6. Bd. S. 263 teilt mit, dafs Versuche zur Vernichtung der Zunftverfassung in den niederösterr. Ländern schon im 14. Jahundert unternommen wurden.
[6] So auch Rachfahl a. a. O. S. 152 f., 140, 142 144. Ich finde auch in diesem Punkt keinen Unterschied zwischen der Epoche vom 16. Jahrhundert ab bis zum dreifsigjährigen Krieg und jener nach Beendigung desselben, soferne dann noch Ständestaaten bestehen und nicht absolute Fürstenstaaten an deren Stelle getreten sind.

Diese selbst behandelt die historisch entstandene ganz so wie die auf Verleihung beruhende Autonomie unter dem Gesichtspunkte eines subjektiven, durch Gewohnheitsrecht oder durch Verleihung entstandenen Privatrechts und nimmt für sich jene weitgehende, bis zur Rechtsvernichtung reichende Kontrolle der Ausübung der Autonomie in Anspruch, welcher das gesamte Privilegialwesen von dieser Zeit ab unbestreitbar unterworfen ist[1].

Da wie dort bildet den Mafsstab dieser Kontrolle unter anderem die Verträglichkeit der Autonomie mit den Regalien, mit Rechten Dritter und mit dem gemeinen Nutzen des Landes, dessen Expansionsfähigkeit noch zu erörtern ist[2].

V.

Eine der auffälligsten Erscheinungen des ständisch-monarchischen Staatsrechts bildet seine Gebrechlichkeit, soweit es sich um Einrichtungen handelt, welche der Entfaltung einer wahrhaft monarchischen Gewalt entgegenstehen. Diese Einrichtungen gehen aus Situationen hervor, welche für die Entwicklung der monarchischen Idee ungünstig sind, und von den verschiedenen, um politische Macht ringenden Klassen des in der Bildung begriffenen oder im Verfall befindlichen Gemeinwesens, von jeder für sich und nicht für die Gesamtheit, also in völlig egoistischer Weise ausgenützt werden, um zu erlangen, was sich erlangen läfst. Darum das Überwuchern der von der Gesamtheit absehenden, aus Zufällen und Gelegenheiten herauswachsenden, das Gemeinwesen pulverisierenden Privilegialgesetzgebung über die allgemeine Gesetzgebung, des subjektiven über das objektive Recht im ständisch-monarchischen Staat. Darum die Scheu vor einer um-

---

[1] Schon die in Form eines Privilegiums erlassene Stadtverfassung für Wien vom 12. März 1526, Codex Austriacus II S. 476 ff., 479 kennt in der Person des kaiserlichen Anwalts ein zu der umfassendsten Aufsicht über die Stadtverwaltung berufenes Organ der landesfürstlichen Gewalt. Ein Seitenstück zu demselben bildet der (nach dem für das monarchische Princip glücklichen Ausgang des schmalkaldischen Krieges) von Ferdinand I. in den böhmischen und mährischen Städten eingeführte königliche Richter; Elvert, Zur österr. Verwaltungsgeschichte S. 54. Dafs übrigens schon im 15. Jahrhundert der Einflufs des Landesherrn auf die städtische Gesetzgebung ein weitgehender ist und bis zur Mitwirkung zu derselben reicht, darüber vgl. v. Below, I S. 53, 58; Brie, Die Lehre vom Gewohnheitsrecht I S. 223, dann hier S. 39 A. 1.

[2] Bezeichnenderweise kennt selbst das überaus ständefreundliche Tripartitum des Werböcz kein Alleingesetzgebungsrecht der Stände, sei es auf den Landtagen, sei es auf den Komitatsversammlungen. Die nachgefolgte opinio communis erklärt ein solches, von den Komitaten zuweilen in Anspruch genommenes Recht als verfassungswidrige Prätention; Viroszil II S. 59, 67 A., III S. 108.

fassenden Niederschrift des Verfassungsrechts und die Vorliebe für die Berufung auf Separaturkunden und auf ein jederzeit zur Verfügung stehendes, wachsartig zu modelndes Herkommen und auf Gewohnheit zur Unterstützung der von den herrschenden Klassen jeweils erhobenen politischen Forderungen. Dieses staatszerklüftende, die staatliche Entwicklung in allen Punkten hemmende Staatsrecht, welches an der damaligen Gestaltung des öffentlichen Rechtes der katholischen Kirche sein Analogon findet, steht nun in schroffem Widerspruch mit den politischen Ideen der damaligen vornehmsten Träger politischer Bildung, wie sie uns teils in hervorragenden Herrscherpersönlichkeiten, teils in den Mitgliedern des königlichen oder landesfürstlichen Beamtentums entgegentreten. So entspinnt sich frühzeitig ein Kampf gegen die aus politischen Verlegenheiten hervorgegangenen, der monarchischen Gewalt abträglichen Berechtigungen der Stände, welcher teils im Dienste der monarchischen Idee, teils im Dienste des kulturellen Fortschrittes geführt wird. Damit erklärt es sich, warum die aus diesem Bedürfnisse heraus sich entwickelnde Staatslehre sich in so eingehender Weise mit dem Privilegium und dem Herkommen abgiebt, warum sie mit aller Macht darauf hin arbeitet, dem Privilegium wie dem Herkommen, welche beide in dem Begriff des subjektiven Rechtes zusammenfliefsen[1], den Charakter höchster Precarietät aufzudrücken. Sie findet in diesem Punkte eine kräftige Stütze in den Rechtslehren der katholischen Kirche, deren Entwicklung unter einer gleichen Rechtszersplitterung leidet, wie jene des Ständestaates. Selbstverständlich erzeugt die praktische Handhabung dieser ständefeindlichen Rechtslehren durch kräftige oder glückliche Herrscher auf seiten der Stände das Gefühl höchster Rechtsunsicherheit. Darum das Bedürfnis nach Anerkennung und Bestätigung von Privilegium, Gewohnheit, Herkommen durch jeden zur Regierung gelangenden Herrscher, ja selbst nach Wiederholung solcher Anerkennung durch einen und denselben Herrscher[2]. Da nun die Privilegien von Person zu Person oder zu Personen erteilt werden und es an einer authentischen Sammlung der erteilten

---

[1] Znletzt wird alles subjektive Vorrecht Privilegium oder Gewohnheit, auf welchem Wege es immer entstanden sein mag, ob durch einen förmlichen gesetzgeberischen Akt allgemeinen Inhalts oder durch Gewohnheitsrecht, ob durch einen einseitigen Akt des Herrschers oder auf Grund förmlicher Verhandlung mit den Ständen. So ist z. B. das schlesische Landesprivileg König Wladislaus' von 1498 erteilt „mit Wissen und Rathe, unser lieben Getruwen"; Kries a. a. O. S. 101. Vgl. hierzu auch Brie I S. 86 A. 46, 47, S. 88 A. 66, S. 210, 221.

[2] Man denke an die anläfslich jeder Steuerbewilligung verlangten, das Steuerbewilligungsrecht der Stände bestätigenden Reverse, trotz der zuweilen in einem allgemeinen Landesprivilegium enthaltenen Anerkennung desselben.

Privilegien überall fehlt, und da ferner Herkommen und Gewohnheit leichthin behauptet wird[1], so wird von den Kurialjuristen für die Bestätigung vor allem **Beweis des Privilegiums und Herkommens** gefordert, und die allgemeinen, anläfslich der Ständehuldigung erteilten Bestätigungen von Rechten und Gewohnheiten werden nur mit **Vorbehalt der Erweisbarkeit** erteilt[2].

Aufserdem werden unter günstigen Umständen, und zwar in umfassender Weise spätestens zu Beginn des 16. Jahrhunderts, noch folgende Sätze der ständefeindlichen Staatslehre zur Geltung gebracht:

Die Bestätigung des Privilegiums[3] kann verweigert werden, wenn es mit dem gemeinen Nutzen, der utilitas publica unverträglich[4], erzwungen, erschlichen ist[5], Rechte Dritter verletzt[6]; wenn es absoluten Verboten widerspricht[7]; die Anerkennung der Gewohnheit, wenn ihr die ratio mangelt oder nach deutschem, von religiösen Auffassungen beherrschtem Rechte, wenn die Gewohnheit keine rechte, gute, löbliche ist[8]. Darum

---

[1] v. Below II S. 39 A. 139. S. 79.

[2] Die lüneburgschen Freibriefe von 1355, 1367 bestätigen alle Sachen, welche die Privilegia, Handfesten und allerlei Briefe ausweisen; Unger a. a. O. S. 242 auch 243, 434. Im Jahre 1509 fordert Maximilian I. von dem niederösterreichischen Adel den Beweis der von diesem auf Herkommen gestützten Ungelderfreiheit; Zeibig, Der Ausschufslandtag zu Innsbruck im 13. Bd. des Archivs für Kunde österr. Geschichtsquellen S. 301, 327. Ferdinand I. versucht 1537 den Rechtsbestand der niederösterreichischen Landschaft selbst in Frage zu stellen, indem er, gegenüber der Behauptung, die Landschaft habe für den Zweck der Steuerbewilligung ein einig, unzerteilt corpus gebildet, einen förmlichen Nachweis verlangt; Buchholtz 8. Bd. S. 295 f.; Viroszil II S. 5, 8; Rachfahl a. a. O. S. 140; Brie a. a. O. S. 125 f.; Tezner, Landesfürstliche Verwaltungsrechtspflege I S. 26 A. 43.

[3] Über die kanonistische, das ständische Verfassungsleben in hohem Grade beeinflussende Privilegientheorie, besonders Schulte, Das katholische Kirchenrecht I S. 140—159. Über ihre Anwendung auf das Gebiet der staatsrechtlich bedeutsamen Privilegien in Ungarn, Viroszil I S. 40 ff. A. o bis r, II S. 88, 374 A. l.

[4] Zuweilen sind es die privilegierten Stände selbst, welche gegen einander das Einschreiten des Landesherrn wegen Unvereinbarkeit eines Privilegiums mit dem gemeinen Nutzen anrufen. So die auf dem Innsbrucker Landtag von 1518 versammelten ständischen Ausschüsse; Tezner, Landesfürstliche Verwaltungsrechtspflege S. 72 f. A. 82 a. Vgl. auch Unger a. a. O. S. 216.

[5] Die von Karl V. bestätigte tirol. L.O. bezeichnet als rescissibel Privilegien von Zünften, die „auf Pös unnterricht" erwirkt wurden; Tezner a. a. O. S. 73 A. 85.

[6] A. a. O. A. 82a, 84.

[7] Die hier in A. 5 erwähnte L.O. schliefst Privilegien aus, die wider die gemaine Lanndtordnung sind. Vgl. auch a. a. O. A. 83 a.

[8] So bestätigt Kaiser Friedrich II. 1234 für die Erfurter Bürger nur die bonas et approbatas consuetudines et antiqua jura, quibus hactenus usi sunt; Haltaus, Glossarium Germanicum medii aevi S. 716; Brie a. a. O. S. 220, 242, 240 A. 29—31, 246 A. 46.

werden auch die allgemeinen Bestätigungen der Landesfreiheiten nur mit Beschränkung auf gute, rechte, löbliche Gewohnheiten ertheilt[1].

Die Gewohnheit soll auch eine alte sein[2]. Das jus divinum und das jus naturale gelten als unüberschreitbare Schranke alles Rechts, somit auch des durch Privilegium oder Gewohnheit entstandenen Vorrechts[3].

Wenn ferner jedes solche Vorrecht nur unbeschadet der Rechte Dritter entstehen kann, so gilt dies um so mehr von den zum Wesen der königlichen oder landesherrlichen Gewalt gehörigen Rechten[4]. Das ist eine der bedeutsamsten Folgerungen aus der schon mit Beginn des 16. Jahrhunderts in gröfster Deutlichkeit auftretenden Regalitätslehre.

Endlich wird zuweilen davon ausgegangen, dafs alles Privilegialrecht, und selbst das ständische Steuerbewilligungsrecht, durch Reichsrecht und selbst durch kaiserliches Privilegium beschränkt sei[5].

Erwägt man die veränderliche Natur einzelner hier ent-

---

[1] Unger a. a. O. S. 216, 433. Noch Maria Theresia steht auf dem Standpunkt, dafs die durch ihre Vorfahren erfolgte Bestätigung der wohlhergebrachten Gewohnheiten auf die übelhergebrachten nicht erstreckt werden könne; Bachmann, Österr. Staatswörterbuch II 1 S. 685. Auch das Verfassungsgelöbnis des ungarischen Königs bezieht sich nur auf die approbatae consuetudines oder auf die bonae et approbatae consuetudines. Vgl. das Jurament Ferdinand I. im Corpus Juris; Cziráky a. a. O. S. 18 § XXXIV.

[2] Unger a. a. O. S. 216. Der ungarische König beschwört nur die consuetudines antiquas. Vgl. auch Werböcz, Tripartitum P. I, F. 17 § 4; Brie a. a. O. S. 227 f.

[3] Brie a. a. O. S. 67 ff., 240 f.; Werböcz, Tripartitum P. II, tit. 3 § 3; Rachfahl a. a. O. S. 198.

[4] Vgl. Constitutio II Nr. 156, Edictum Friderici II contra communia civium et societates artificum a. 1231—32: quedam consuetudines detestande.. quibus et principum imperii juri detrahitur et honori et imperialis nihilominus auctoritas per consequens enervatur; Franklin, Sententiae curiae regiae; Brie a. a. O. S. 241 A. 24; Unger a. a. O. S. 446. Cap. 6 L. II Decretorum Sti. Stefani: Quidquid ad nostram Regalem dignitatem pertinet, permanere debet immobile. Regalia et res fisci sint intacta. Deshalb erklärt Ferdinand I. auf die Artikel des Landtags von Tyrnau, er habe sich genötigt gesehen, ihren Inhalt mit der Dignitas Majestatis in Einklang zu bringen; § 2 des Responsum Sacrae Reg. Majestatis ad Articulos Constitutionum Diaetae Anno Domini 1545 Tyrnaviae celebratae im Corpus Juris Hungarici. Vgl. D.A. 20: 1790/91, 1: 1802 u. Viroszil III S. 74, II S. 253 A. d; Rachfahl a. a. O.; Kries S. 31 A. 6, S. 70 A. 3, S. 74.

[5] Unger a. a. O. S. 269, 446; Brie a. a. O. S. 257. So wird durch die §§ 105, 106 des Reichsabschiedes von 1654 das Polizeiverordnungsrecht der Obrigkeit den vermeintlich durch dessen Ausübung verletzten Rechten des Unterthans, also auch den Privilegialrechten, entgegengestellt. Umgekehrt gedenkt v. Below III 2 S. 165 eines Falles, wo die Geistlichkeit der Forderung ständisch bewilligter Steuern ein kaiserliches Befreiungsprivilegium entgegenstellt.

wickelter Voraussetzungen des Entstehens und des Bestehens der Privilegialrechte, so erkennt man, dafs sich die Bestätigung der Privilegien über eine blofse Feststellung zur Bedeutung eines wahrhaft revisionellen, konstitutiven Aktes erhebt[1].

Eine solche einschneidende revisionelle Thätigkeit vollzieht sich auch mittels der Erledigung der ständischen Beschwerden wegen Verletzung von Landesprivilegien. Es ist dies eines der wichtigsten Gebiete, auf dem sich das Übergewicht des Anteils des Herrschers über den Anteil der Stände an der Gesetzgebung mit solcher Entschiedenheit äufsert, dafs die Annahme eines ständischen Mitgesetzgebungsrechtes auf die gröfsten Schwierigkeiten stöfst.

Die Schaffung einer Centralbehörde für die niederösterreichische Ländergruppe unter Maximilian I. wird von den steirischen Ständen als eine Verletzung des Rechts empfunden, kraft dessen die Glieder der steirischen Landschaft nur der persönlichen Gerichtsbarkeit ihrer Landesherren unterstehen[2]. Die Beschwerden der niederösterreichischen Stände auf dem Augsburger Landtage von 1510 stellen alle Verletzungen von Privilegien und Herkommen, die dem Kaiser zur Last gelegt werden, zusammen[3]. Auf dem Innsbrucker Landtage von 1518 verlangen die Stände Abschaffung des Fiskals, da im Lande Österreich nach altem Herkommen weder Fiskus noch fiskalische Rechte bekannt seien[4]. Hätten nun selbst wirklich die Stände mit der Behauptung ihrer Privilegien Recht gehabt, so erfahren dieselben durch die Erledigung der ständischen Beschwerden einschneidende Veränderungen oder sogar eine vollständige Vernichtung.

In folgenschwerer Weise stellt Maximilian I. in dem Innsbrucker Libell von 1518 über die Partikulargravamina aller nieder- und oberösterreichischen Lande fest, dafs nach den bestehenden Landesfreiheiten, Gebrauch und Herkommen nur die gemeinen Händel des Landesfürsten in erster Instanz vor die ordentlichen, das sind die ständischhistorischen Gerichte des Landes gehören und beruft, auf diese authentische Feststellung des Inhalts des Landesgebrauchs

---

[1] Unzulänglich Unger a. a. O. S. 242. Vgl. dagegen Schulte a. a. O. S. 176 und Brie a. a. O. S. 242 A. 27. Die niederösterreichische Hofratsordnung von 1523 ordnet eine Prüfung durch den Hofrat an, ob der Städte (Steier und Krems) Freiheiten zu bestätigen, zu mindern oder zu mehren seien. Jegliche Bestätigung erfolgt mit Vorbehalt ihrer Rechtmäfsigkeit; Rosenthal, Die Behördenorganisation Kaiser Ferdinands I. S. 212, 224.
[2] Adler, Die Organisation der Centralverwaltung unter Kaiser Maximilian I. S. 251; Tezner, Landesfürstliche Verwaltungsrechtspflege S. 50.
[3] Kärnthner Landhandfeste (1610) S. 58 f., 60 f., 65 f.
[4] Zeibig a. a. O. S. 238, 252.

gestützt, zur Gerichtsbarkeit in Sachen der landesfürstlichen Hoheit, Obrigkeit und Herrlichkeit die landesfürstlichen Behörden des Regiments und des Hofrats[1]. Die Errichtung der Prager Appellationskammer durch Ferdinand I. im Jahre 1548, die Ausdehnung ihrer Zuständigkeit auf Schlesien ruht auf der vom Könige gegenüber den schlesischen Ständen und dem schlesischen Oberrecht festgehaltenen Rechtsanschauung, dafs das Landesprivilegium de non evocando vor dem Regal der Appellationsgerichtsbarkeit nicht stand halten könne[2] und die in ihrer Art einzig dastehende, bis auf den heutigen Tag wirkende Centralisation der Verwaltung für das ganze Gebiet der habsburgischen Monarchie findet ihre staatsrechtliche Wurzel in der authentischen Interpretation Ferdinand I., dafs die Verwaltung des Kriegs- und des Kammerwesens nicht zu den jura et libertates Regni gehöre, sondern jus regium sei[3].

Während in jener Epoche des Ständestaats, welche der monarchischen vorangeht, der König oder Landesherr sich bei Verfassungskonflikten oft dem Spruche eines ständischen Gerichtes unterwerfen mufs[4], fehlt es jetzt an einer Einrichtung solcher Art, ja selbst an einer Einrichtung, welche zwar nicht der ständischen Organisation angehört, aber doch, unabhängig von dem Herrscher, das wirkliche Verfassungsrecht festzustellen vermöchte, wie es etwa die modernen Staats- oder Verwaltungsgerichte und selbst die mit der Prüfungskompetenz ausgestatteten ordentlichen Gerichte sind[5].

---

[1] A. a. O. S. 127.
[2] Kries a. a. O. S. 5; Rachfahl a. a. O. S. 198, 221 f., 225, 227 ff., 242, 245 ff., 253. Schon im 15. Jahrhundert bricht sich die Auffassung Bahn, dafs alle Appellationsprivilegien nur unbeschadet der persönlichen Gerichtsgewalt des deutschen Königs Gültigkeit behaupten können; Tomaschek, Die höchste Gerichtsbarkeit des deutschen Königs und Reichs im 15. Jahrhundert, Sitzungsberichte der kais. Akademie der Wissenschaften, phil.-hist. Klasse 49. Bd. S. 526 Nr. 1—5; Tezner, Landesfürstliche Verwaltungsrechtspflege S. 9 A. 11.
[3] D.A. 38: 1569.
[4] Unger a. a. O S. 259 ff.
[5] Selbst das den Ständen so überaus günstige ältere böhmische Recht kennt nur eine Verpflichtung des Hofkanzlers, über verfassungswidrige kgl. Akte den Ständen zu berichten (Rachfahl a. a. O. S. 423), und der Majestätsbrief Mathias' II. von 1611, welcher der Krone in Zeit grofser Verwirrung abgerungen worden war, fordert für die Feststellung der Verfassungswidrigkeit von Dekreten der Hofkanzlei Übereinstimmung zwischen den Landesoffizieren und dem König. Elvert, Die Vereinigung der böhmischen Kronländer u. s. w. S. 87, 88 P. 1, 16. Wo nur möglich, legt deshalb der Herrscher die Landesprivilegien einseitig aus und praktiziert diese einseitige Auslegung; Vgl. zu den bereits angeführten Beispielen noch Kries a. a. O. S. 74. Nicht viel anders liegen die Verhältnisse in Ungarn vom Zeitpunkt der mit D.A. 4: 1687 formell vollzogenen Abschaffung des jus resistendi. Nach D.A. 14: 1790/91 kann die ungarische Statthalterei gegen gesetz-

Gerade darin besteht die bedeutsamste Äufserung der Regalitätslehre und des in derselben eingeschlossenen monarchischen Princips, dafs kraft derselben der König oder Landesherr für sich in Anspruch nimmt, die Regalien ohne ständische Mitwirkung, sei es persönlich, sei es durch Behörden auszuüben, deren Mitglieder nur Diener des Königs oder Landesherrn, nur ihm allein verpflichtet sind. Der Kampf um die Regalien, deren Inhalt soweit reichen soll, als dem Königsrecht nicht erweisliche, löbliche, alte, Rechte Dritter oder des Königs nicht verletzende, mit dem gemeinen Nutzen verträgliche Rechte und Gewohnheiten des Landes entgegenstehen, und deshalb soweit ausgedehnt wird, als es die Verhältnisse gestatten[1], ist zugleich ein Kampf um das Alleinrecht auf die Organisation nahezu der gesamten Verwaltung und um die alleinige Verfügung über die hiefür bestellten Behörden; er ist ein Kampf um die Befreiung dieser Verwaltung von ihrer Verknüpfung mit den verfassungsmäfsigen Landesämtern, er ist endlich, worauf es in diesem Zusammenhange ankommt, ein Kampf des Herrschers um die Bestimmung der Praxis auf dem Gebiete der Verwaltung und der Rechtspflege, ein Kampf um den Fürstenabsolutismus.

Was hier dem Herrscher staatsrechtlich zu statten kommt, ist, dafs diese Landesämter doch zumeist aus Hofämtern, aus Ämtern hervorgegangen waren, welche Kompetenzen des Herrschers auszuüben, ihn zu vertreten hatten[2], und auf das ursprüngliche Verhältnis kommt eben der Herrscher zu gelegener Zeit zurück[3], um die Landesämter, welche unter

---

widrige Mandate nur remonstrieren. Beharrt der König auf Vollziehung, so mufs sie erfolgen, ganz so wie von seiten der Hofkanzlei. Denn beide sind Dicasteria pure regia. Vgl. auch Viroszil III S. 27 A. Auch die in der Formulierung der neueren Inauguraldiplome enthaltene Bestimmung, die kgl. Regierung habe nach Mafsgabe der bestehenden Normen zu erfolgen prout super eorum usu et intellectu diaetaliter conventum fuerit (A. a. O. I S. 312), fordert für die Lösung von Verfassungsrechtsfragen ein Reichsdekret, zu welchem doch der König in mafsgebender Weise mitzuwirken hat und bietet kein Mittel gegen die Geltung der Rechtsauffassung des Königs in der Praxis seiner Behörden.
[1] Otto Mayer, Deutsches Verwaltungsrecht I S. 28.
[2] Für das ungarische Recht vgl. Viroszil II S. 306 f., 323, 325, 329 ff., 333, 337, 339 ff.; v. Below, Territorium S. 286.
[3] Tezner, Landesfürstliche Verwaltungsrechtspflege S. 34 ff. Übrigens werden zuweilen auch die Träger der Landesämter vom König oder Landesherrn ernannt, oder wenn sie gewählt werden, in denselben bestätigt; Elvert, Zur österr. Verwaltungsgeschichte S. 25 f., 31, 52; Rachfahl a. a. O. S. 156, 159. Da es an einer scharfen Sonderung ihrer Stellung als Beamte des Königs oder Landesherrn und als Beamte des Landes oder der Landschaft fehlt, so entscheiden auch über das Vorwiegen des einen oder des anderen Charakters die Machtverhältnisse; Elvert, Zur österr. Verwaltungsgeschichte S. 26, 31, 52.

den für eine monarchische Gewalt ungünstigen Umständen entweder alleiniger Verfügung der Stände anheimgefallen oder mindestens in ein Verpflichtungsverhältnis zugleich auch gegenüber den Ständen gebracht worden waren, zu umgehen oder die Wirkung ihrer Verpflichtung auf die Landesverfassung[1] zu schwächen.

In diesem Punkte bietet schon das sechzehnte Jahrhundert eine solche Fülle von organisatorischen Ideen, dafs die folgende Zeit ihnen, abgesehen von der Scheidung der Rechtspflege von der Verwaltung innerhalb der königlichen oder landesfürstlichen Behörden, nicht viel Ebenbürtiges an die Seite zu stellen hat.

In erster Linie ist die Schaffung königlicher oder landesfürstlicher Konkurrenzbehörden neben den Landesämtern zu erwähnen, welche sich von denselben durch die Stetigkeit ihrer Funktionen scheiden und durch die Art ihrer Besetzung ihnen weit überlegen sind. Dieser Vorgang wird durch den Mangel einer sicheren Bestimmung der Kompetenzen der Landesämter oder durch die Dürftigkeit des Inhalts dieser Kompetenzen in hohem Grade erleichtert. Die Errichtung der Regimente neben den, ständischem Einflufs unterliegenden Hof- oder Kammergerichten durch Maximilian I., der Prager Appellationskammer neben dem schlesischen Oberrecht bieten für diesen Vorgang historisch bedeutende Beispiele. Frühzeitig und sogar schon vor der österreichischen Herrschaft wurde zuweilen in Ungarn an Stelle des aus der Wahl der Stände hervorgehenden Statthalters, des Palatin, ein Statthalter nur durch den König ernannt[2]. Dauernd wird aber unter der österreichischen Herrschaft dem historischen ungarischen Reichskanzler und Grofssiegelbewahrer ein Kanzler, eine Kanzlei, ein Rat am königlichen Hofe in Wien gegenübergestellt[3], so dafs die Funktionen des ersteren auf Staatssollennitäten beschränkt bleiben[4]. In gleicher Weise

---

[1] Sie äufserte sich in der Leistung des Amtseides auf die Rechte des Landesherrn wie des Landes, Gierke I S. 568. Vgl. auch Elvert, Zur österr. Verwaltungsgeschichte S. 58; Rachfahl a. a. O. S. 156 f., 159 f.

[2] Viroszil I S. 358 A. r, II 328 A. f., III S. 78 ff.; Bidermann I S. 87 A. 27.

[3] Die ungarische Hofkanzlei oder der ungarische Hofrat soll ein dicasterium pure regium sein und die Stände sollen keinen Einflufs auf die für diese Behörde aufzustellenden Instruktionen besitzen; Viroszil III S. 75; Bidermann, Geschichte der österreichischen Gesamtstaatsidee von 1526—1808, II S. 293 N. 128. Der Versuch Ferdinand I., die Landeskanzleien durch eine centrale, für sein ganzes Herrschaftsgebiet bestimmte allgemeine Hofkanzlei zu verdrängen, mifslingt; Bidermann I f. S. 12 ff.; D.A. 40: 1567; Tezner a. a. O. S. 148 f.; Österr. Kaisertitel S. 47 ff.

[4] Viroszil III S. 67 ff., 306 f. Auch nach Cziráky, Conspectus juris

wird die Bedeutung des altungarischen tavernicorum regalium magister durch die Errichtung der ungarischen Hofkammer herabgedrückt[1].

Wo die monarchische Herrschaft über verfassungsmäfsig geschiedene Länder in einer Hand vereinigt ist, werden unter dem Schein von Expositionen der centralen Landesverwaltungsämter Behörden an dem ausferhalb des Landes befindlichen Hofe geschaffen, welche in Wahrheit vermöge ihrer unmittelbaren Beziehung zum Monarchen über den Landesämtern stehen, zugleich aber dem Einflusse der Landstände in höherem Grade entrückt sind als die im Lande bleibenden Ämter. Das ist z. B. die Stellung der ungarischen und böhmischen Kanzlei am Wiener Hofe gegenüber der in Ungarn zurückbleibenden Landesregierung und gegenüber der Prager Statthalterei[2]. Diese Kanzler am Hofe oder ihre Referenten nehmen an den Beratungen des von jedem Zusammenhang mit den Landesverfassungen abgelösten centralen Kronrates, des Geheimrates, teil.

Ein früh benutztes Mittel zur Verstärkung des monarchischen Einflusses auf die Landesämter selbst ist die kollegiale Verbindung ihrer Träger mit Beamten, welche nur dem Herrscher verantwortlich sind[3], oder die Aufstellung ausschliefslich königlicher oder landesherrlicher Behörden neben denselben zwar nicht mit einer eigenen Auf-

---

publici Regni Hungariae §§ 649, 650 ist der Aulae Cancellarius von dem Summus Cancellarius Regni zu scheiden.

[1] Viroszil II S. 337, III S. 180 f. Vgl. ferner Rachfahl a. a. O. S. 324 mit dem hier S. 25 cit. D.A. § 14 ad 42: 1545 und über die Anwendung der Idee von königlichen Konkurrenzgerichten neben der ständischen durch die deutschen Könige des 15. Jahrhunderts Tomaschek a. a. O.

[2] Fellner, Zur Geschichte der österr. Centralverwaltung im 8. Bd. der Mitteilungen des Institus für österr. Geschichtsforschung S. 298; Bidermann I S. 31, S. 78 N. 128; Elvert, Zur österr. Finanzgeschichte S. 58. Auch die Entwicklung der ungarischen Statthalterei verläuft ähnlich wie jene der Prager. Aller Wahrscheinlichkeit nach hat mit Beginn der österr. Herrschaft die Landesverwaltung in Ungarn, abgesehen von den Fällen der Bestellung eines nur königlichen Statthalters, der Palatin mit einigen ihm untergebenen Referenten geführt und mit diesen zusammen den von einzelnen Schriftstellern und zeitgenössischen Diplomaten sogenannten „Landessenat" gebildet; Viroszil I S. 359; Tezner, Landesfürstliche Verwaltungsrechtspflege S. 135. Zuweilen sinkt zugleich mit der Unterstellung der Landesverwaltungsbehörde unter eine Hofbehörde, jene von einer Reichsbehörde zu einer Provinzialbehörde herab. Dies ist z. B. das Schicksal der ursprünglich zur Reichsverwesung für alle Länder der böhmischen Krone bestellten Prager Statthalterei, deren Wirksamkeit mit der fortschreitenden Bedeutung der Kanzlei am Hofe eine Einschränkung auf Böhmen allein erfährt.

[3] Diese Art der Organisation bildet ein Gegenstück der modernen kollegialen Verbindung von Staatsdienern mit Trägern von Ehrenämtern.

sichtsgewalt, wohl aber mit sollizitatorischen und denuntiatorischen Funktionen. Schon mittels einer Instruktion vom 22. Januar 1568 wird von Maximilian II. dem mährischen Landesunterkämmerer der Rentdiener, der Vorläufer des späteren Rentamts, koordiniert, was von dem Träger dieses Landesamts als schwere Kränkung empfunden wird[1]. In gleicher Weise entstehen schon im 16. Jahrhundert in den anderen Ländern der habsburgischen Monarchie Kammern, welche über den ganzen Gang der Verwaltung und die Rückwirkung derselben auf die Einnahmen des Herrschers unter gleichzeitiger Erstattung geeigneter Vorschläge nach Hof zu berichten haben[2], deren Mitglieder sogar in wichtigen Fällen von den Landesämtern zur Mitwirkung bei der Verwaltung und Rechtspflege beizuziehen sind[3]. Ein allenthalben für eine sollizitatorische Einwirkung eingeführter, nur königlicher oder landesfürstlicher Beamter ist der Fiskal- oder Kammerprokurator[4].

In hohem Grade folgerichtig und in seinen Zielen deutlich erkennbar ist das schon im 16. Jahrhundert scharf hervortretende Bestreben der Krone nach Erhebung der Rechtspflege zu einem Regal. Dasselbe äufsert sich einmal darin, dafs, wo es zu einer förmlichen Zuständigkeitsregelung kommt, die Zuständigkeit zur Rechtspflege in allen politisch bedeutsamen Verhältnissen den streng königlichen oder landesfürstlichen Behörden oder Gerichten vorbehalten wird[5], bald

---

[1] Elvert, Znr österr. Verwaltungsgeschichte, 16. Bd. der Schriften der mähr.-schles. Gesellschaft S. 123 ff., 126. Nach der Schlacht am weifsen Berge wird die Idee der Kollegialisierung der alten Landesämter durch Zugesellung von Räten zu dem historischen Träger derselben in Mähren wie in Schlesien verwertet; aus dem mähr. Landeshauptmann wird die Landeshauptmannschaft oder das Tribunal, aus dem schles. Oberhauptmann das Oberamt; Elvert a. a. O. S. 198 ff., 202 f.; Kries a. a. O. S. 59 ff. Unzweifelhaft ist auch die kollegiale Organisation der ungarischen Statthalterei bestimmt, die Machtstellung des Palatins herabzudrücken; Viroszil II S. 333.

[2] Kries a. a. O. S. 22 f., Rachfahl a. a. O. S. 128, 335, 376. Die Bemerkung Rachfahls bei Schmoller S. 357, dafs den Kammern keine Exekutionsgewalt zukam, ist dahin zu berichten, dafs ihnen jedenfalls die mit dem Aufgreifen und Anhalten des Kontrabands betrauten niederen Exekutivorgane und die mit der prima cognitio, also mit Strafgewalt ausgestatteten Zollämter unterstanden, und dafs die Kammern in einzelnen Territorien Justizgewalt besafsen; Kries a. a. O. S. 21 A. 9; Löning, Gerichte und Verwaltungsbehörden in Brandenburg-Preufsen, Verwaltungsarchiv 2. Bd. S. 243 f.

[3] Kries a. a. O. S. 21 A. 9.

[4] Rachfahl a. a. O. S. 465, Elvert a. a. O. S. 121; Tezner, Landesfürstliche Verwaltungsrechtspflege S. 190 ff.

[5] Der Entwicklung der grofsen politischen Bedeutung dieser den Verwaltungsrechtsjuristen (Löning, Hartmannsche Zeitschrift 5. Bd. S. 343 ff.; Otto Mayer, Theorie des französischen Verwaltungsrechts S. 118) wohl bekannten, von den Historikern entweder gar nicht oder ungenügend gewürdigten justice retenue ist meine Landesfürstliche Ver-

den für die Verwaltung und Hebung der Einnahmen des Königs oder Landesfürsten berufenen Kammerkollegien allein als Kammerjustiz[1], bald den landesfürstlichen Regierungs- und Justizkollegien in Verbindung mit Kammerbeamten[2]. Der zwischen dieser Organisation der vorbehaltenen Rechtspflege und der älteren Einrichtung obwaltende Gegensatz wird anschaulich: an dem Gegensatze zwischen dem früher üblichen Erbieten der Landesfürsten gegenüber den Ständen in Verfassungskonflikten zu gütlichem und rechtlichem Austrag vor ständisch organisierten Schiedsgerichten und der damit verknüpften Unterwerfung des Landesfürsten unter deren Urteil einerseits[3] und zwischen der Zuständigkeitsregelung Maximilian I. in dem Innsbrucker Libell andererseits, durch welche alle Händel des Kaisers, er sei Kläger oder Geklagter, in Sachen seiner Hoheiten, Obrigkeiten, Gerechtigkeiten, nicht wie seine gemeinen Händel vor die ordentlichen Gerichte des Landes, sondern vor den Hofrat und das Regiment gewiesen werden[4].

---

waltungsrechtspflege in Österreich gewidmet. Die von mir gewählte Bezeichnung rechtfertigt sich damit, dafs zwischen der Zuständigkeitsregelung Maximilian I. und den in der Instruktion Maria Theresias v. 4. Febr. 1763 (Maasburg, Geschichte der obersten Justizstelle 2. A. S. 390, 404 Art. V) zugewiesenen Konsessual-Sachen oder dem Publicum contentiosum (a. a. O. S. 390) volle Kontinuität besteht.
    [1] Löning, Gerichte u. Verwaltungsbehörden in Brandenburg-Preufsen, Verwaltungsarchiv S 231 ff.; Viroszil II S. 230, III S. 106, 183.
    [2] Die von Rachfahl bei Schmoller S. 357 unternommene Erklärung der Thatsache, dafs in den altösterr. Ländern den Kammern Justizgewalt nur in Verbindung mit den Regierungen zukam (Tezner a. a. O. S. 184), mit der privaten Stellung des landesfürstlichen Fiskus, scheitert einerseits daran, dafs im ständisch-monarchischen Staate die Fiscalia alles umfassen, was zu den jura, praerogativa, zum interesse summi principis gehört (Kries a. a. O. S. 21 u. A. 9; Tezner a. a. O. S. 184, 193), also nicht blofs seine Privatrechte, sondern auch seine Hoheiten, andererseits daran, dafs in anderen Territorien trotz des gleichen Charakters der Kammern frühzeitig eine Kammerjustiz besteht. Vgl. die vorhergehende Anmerkung.
    [3] Unger a. a. O. S. 260 ff., 355. Wenn v. Wretschko in der Recension meiner Landesfürstlichen Verwaltungsrechtspflege, Juristisches Litteraturblatt Jahrg. 1899 Nr. 110, bemerkt, Streitigkeiten solcher Art, wie die von mir a. a. O. S. 66 ff.. 107 ff. angeführten, seien schon vor dem 16. Jahrhundert gerichtlich ausgetragen worden, so übersieht er, dafs es mir nur darauf ankam, zu zeigen, wie seit Maximilian I. in den altösterreichischen Ländern alle Prozesse, welche, mit unseren Augen betrachtet, als Verfassungs- oder Verwaltungsrechtsstreitigkeiten bezeichnet werden müfsten, den ordentlichen Gerichten des Landes, also den aus der ständischen Entwicklung hervorgegangenen Gerichten entzogen und den landesfürstlichen Gerichten vorbehalten bleiben, dafs ich aber nirgend die Austragung solcher Angelegenheiten in gerichtlichen Formen überhaupt, auf Maximilian I. zurückführe. Vgl. hiermit die Beispiele bei Unger a. a. O. S. 161 ff., 172 f., 174, 176, 179 f., 203 f.
    [4] Rapp über das vaterländische Statutenwesen im 5. Bde. der Beiträge zur Geschichte von Tirol S. 186. Rachfahl stellt meiner auf die

Was aber sonst noch von den Dingen, welche das interesse summi principis berühren, den ständischem Einflusse in höherem Grade unterliegenden Gerichten des Landes verbleiben könnte, das soll vor den Princeps gebracht werden können als den in diesem Punkt an die Stelle des deutschen Königs getretenen **Schöpfer und höchsten Hüter, als die letzte Zuflucht alles Rechts**[1]. Darum wird die Inappellabilität der Gerichte des Landes meist schon im **sechzehnten** Jahrhundert beseitigt und die höchste Entscheidung über Appellationen und Supplikationen gegen die Entscheidung dieser Gerichte für ein **Regal** erklärt[2].

Immerhin besteht noch die durch die Erfahrung bezeugte Gefahr, daſs die neuen Behörden, bei deren Besetzung, abgesehen von den Kammern, dem ständischen Adel ein Allein- oder Vorrecht eingeräumt wird, sich zu gelegener Zeit dem Einflusse der Krone entziehen und zu **Landesämtern** herauswachsen könnten. **Deshalb soll der König oder Landesfürst jederzeit ihre Repräsentationsbefugnis an sich ziehen, auf die Natur ihrer Kompetenzen als seiner** Kompetenzen zurückkommen, sie vernichten oder neue Behörden für die Ausübung dieser Kompetenzen schaffen können[3].

So wird denn schon im **sechzehnten** Jahrhundert nahezu die gesamte Verwaltung und die Rechtspflege gerade für die im modernen Staatsrecht als publizistisch geltenden Rechtsverhältnisse von königlichen oder landesfürstlichen Behörden

---

altösterreichischen Länder beschränkten Darstellung (Landesfürstl. Verwaltungsrechtspflege S. 67 ff., 107 ff.) bei Schmoller S. 358 die Behauptung entgegen, die Rechtspflege in politisch bedeutsamen Angelegenheiten sei noch im 16. Jahrhundert auch ständischen Gerichten zugekommen und verweist auf das Beispiel des schlesischen Oberrechts. Wie tief aber die Bedeutung dieses Gerichts schon unter Ferdinand I. gesunken war, darüber vgl. Rachfahl selbst in seiner Gesamtstaatsverwaltung S. 216 f., 256.

[1] Tezner a. a. O. S. 5 ff., Unger a. a. O S. 160.
[2] Im Augsburger Libell von 1510 erklärt Maximilian I. die Appellation von **allen** Gerichten erster Instanz an den König für **selbstverständlich**. In Schlesien ist diese Entwicklung gegenüber dem ehemals bedeutendsten Gerichte des Landes, dem Oberrecht, unter Ferdinand I. abgeschlossen worden; Rachfahl a. a. O. S. 227, 249 ff., 241.
[3] Tezner a. a. O. S. 39 f. Über die Rechtsstellung der streng königlichen Behörden der dicasteria pure regia in Ungarn Viroszil II S. 164. Darum auch der energische Widerstand der österr. Herrscher gegen jeden Versuch der Stände, auf die Instruktionen für die ungarische Hofkanzlei Einfluſs zu üben. Mit Berufung auf die persönliche Natur der kgl. Kompetenzen hebt Maria Theresia am 1. Mai 1749 die historisch denkwürdige Prager Statthalterei, als **von ihrer Willkür abhängend**, auf und ersetzt sie durch die von den alten Landesämtern ganz abgelöste Repräsentation und Kammer; Maasburg a. a. O. S. 352. Zuweilen, wenn sie nämlich mit den landesfürstlichen Behörden unzufrieden sind, kommen die Stände selbst auf die persönliche Natur der landesfürstlichen Rechte zurück; Tezner a. a. O. S. 38.

im Namen des unverantwortlichen Herrschers und ohne Verantwortung gegenüber den Ständen entweder unmittelbar versehen oder mindestens kontrolliert, und die Praxis dieser Behörden ist, mag auch der ständische Einfluſs auf dieselben wegen der Art ihrer Besetzung ein weitgehender sein, immerhin royalistisch gefärbt.

Deshalb sichert im ständisch-monarchischen Staate der formale Bestand einer Rechtsnorm derselben noch keinesfalls materielle Wirkung, sofern ihre Anwendung in die Kompetenz königlicher oder landesherrlicher oder königlichem, landesherrlichem Einfluſs unterliegender Behörden fällt. Es bleibt sich gleich, wie die Rechtsnorm entstanden ist, ob durch einseitigen monarchischen Akt, ob durch Vereinbarung mit den Ständen, ob durch Gewohnheitsrecht. Jede Rechtsnorm muſs ihre rechtliche Geltung erst durch die behördliche Praxis bewähren. Ungarische Schriftsteller sprechen in dem Falle, wo eine Rechtsnorm in der staatlichen Praxis keine Wirkung entfaltet, unter dem Einflusse der Lehre der Glossatoren und deutschrechtlichen Anschauungen folgend[1], von einer fehlenden Usuroboration[2] oder von Entkräftung einer Norm durch ein konträres Gewohnheitsrecht[3], ohne indes sich bei dieser Konstruktion allzusehr um die doktrinellen Voraussetzungen einer solchen desuetudo zu kümmern.

Was deshalb von den Gesetzen des Mittelalters gesagt wird, sie seien nicht oder nur in vereinzelten Fällen befolgt worden[4], das gilt auch von dem Rechte des ständisch-monarchischen Staates, sofern es sich als Hemmnis für die Entwicklung monarchischer Macht und für die Erfüllung des von hervorragenden Herrschern erkannten monarchischen Berufs

---

[1] Brie I S. 119 A. 7, S. 123, 219.
[2] Viroszil II 335. Als Beispiele mangelnder Usuroboration führt dieser Schriftsteller an, das Recht des Judex curiae zur Einberufung des Reichstags, wenn der König das Palatinat länger als ein Jahr ununbesetzt läſst gemäſs D.A. 3: 1608 ante coronationem, 7: 1613, 4: 1618, 2: 1622, dann die Zuständigkeit des Palatins zur Führung der Regentschaft für den regierungsunfähigen Herrscher I S. 350 A.; dagegen kommt Usuroboration zu statten dem ausschlieſslichen Recht des Königs, den Landtag zu vertagen oder aufzulösen; a. a. O. II S. 201, den Privilegialrechten der Städte, II S. 367. Vgl. auch D.A. 3: 1827.
[3] So erklärt Kelemen, Institutiones juris privati Regni Hungariae T. II § 64 die Unwirksamkeit älterer Dietalartikel über die Beschränkung des Königs in der Vergabung von adligen Ländereien, welche an die Krone zurückfallen. Vgl. auch Viroszil II S. 85 Z. 1, S. 88, 90 A. k, S. 253 A. d. — Beck, Jus publicum Hungariae 1772 S. 281 sagt in einem solchen Falle von einer verfassungsmäſsigen Einrichtung: oblitione teritur; Tezner, Der österr. Kaisertitel, das ung. Staatsrecht u. s. w. S. 34.
[4] v. Below III 1 S. 15.

darstellt und der Wille sowie die organisatorischen und politischen Machtmittel vorhanden sind, um es zu untergraben. Die der Praxis der königlichen oder landesfürstlichen Behörden zugrundeliegende Rechtsidee ist dieselbe, welche von der kanonistischen und deutschrechtlichen Auffassung als Schranke von **Privilegium, Gewohnheit und Herkommen** aufgestellt wird. Da nun auch die königlichen und landesherrlichen, mit oder ohne ständische Mitwirkung erlassenen Verordnungen einen persönlichen, **promissorischen** Charakter haben, so wird der Begriff des Privilegiums auch auf diese erstreckt. Die von der Krone erlassenen behördlichen Instruktionen fordern mitunter ausdrücklich zu einer revisionellen **Praxis** jeder Art von Recht auf[1].

Nun sind schon im Mittelalter die hervorragendsten Faktoren der Bildung von Gewohnheitsrecht die **Urteilsfinder**, und diese Funktion geht im ständisch-monarchischen Staat auf die landesfürstlichen oder königlichen Behörden über in dem ganzen Umfange ihrer Kompetenz, welche doch Verwaltung und Rechtspflege, begrifflich und formell wenig geschieden, in sich birgt. **Der consuetudo populi tritt jetzt als das politisch und ethisch höher stehende und zugleich als das ungleich kräftigere Recht die consuetudo regia gegenüber**[2].

Dadurch werden einzelne, dem ständisch-monarchischen Staate eigentümliche, hier wiederholt berührte Vorgänge be-

---

[1] Das Innsbrucker Libell weist die in den ständischen Gerichten sitzenden Regierungsräte an, allen Prozeſsformen entgenzutreten, durch welche der Grundsatz der Parteiengleichheit verletzt wird; Kärnthner Landhandfeste S. 121. Ferdinand I. weist den niederösterreichischen Hofrat an, zu prüfen, ob die Freiheiten der Stände Krems und Steier zu bestätigen, zu **mindern** oder zu mehren seien; Rosenthal a. a. O. S. 212, 224. Darum bildet auch die Feststellung des Rechtsbestandes von Privilegium und Herkommen einen der vornehmsten Gegenstände der **vorbehaltenen** Rechtspflege der Behörden Maximilians I. Nach dem Innsbrucker Libell sollen die Regimente entscheiden über Streitigkeiten aus Freiheiten und Begnadbrief der **Stennt**, Geistlich und Weltlich Edl, darzue auch Stett und Märkht, und Landmarschall, Landvogt, Haubtleut, Verweser, Vitzthumb, Landräth und Hauſsräth sollen die Ständ und Partheyen mit den **beschwerlichen** Freyhaiten vorfordern und nach vergeblichem Vergleichsversuch **rechtlich** erkennen, ob die bestrittenen Freyhaiten **billich** bestehen oder **abgestellt** werden sollen; Kärnthner Landhandfeste S. 125. Der Landesherr als Träger der Privilegialgewalt, die er durch Verleihung und Bestätigung übte, nahm eben **auch** die Befugnis der Auslegung und Revision für sich in Anspruch; Rachfahl a. a. O. S. 403; v. Below III 1 S. 36 f. A. 6.

[2] Brie I S. 206 A. 15. Eine wohl unbewuſste Wiederauffrischung dieser consuetudo bietet Josef Unger in seiner in der Debatte des österr. Herrenhauses vom 7. Mai 1887, Stenogr. Protokolle des österr. Herrenhauses X. Sess. 34. Sitzung S. 441 gehaltenen Rede, wenn er gewohnheitsrechtliche Herausbildung der deutschen Sprache als österreichischer Staatssprache durch **behördliche** Praxis behauptet.

greiflich. Um der Gefahr der Ausbildung einer consuetudo regia zu begegnen oder die erfolgte Ausbildung rückgängig zu machen, müssen die Stände ihre Steuerbewilligungen mit der Petition um Anerkennung des der behördlichen Praxis entgegenstehenden oder um Wiederherstellung des der Usuroboration entbehrenden oder obsolet gewordenen Rechtes bepacken. Darum die sich immer wiederholenden Anerkennungen **ausdrücklich niemals aufgehobener** Rechte und Gerechtsame durch den König oder Landesfürsten[1], darum die bis zum Ausgang der ständischen Epoche dauernden Renovationen der ungarischen Diätalartikel[2], darum die Einwendung der ungarischen Stände gegen die von der Kriegsverwaltung behauptete Ersitzung(!) des Anspruchs auf unentgeltliche aestivalis intertentio, die Komitate hätten jedesmal Entschädigung für dieselbe mindestens **begehrt**[3]!

Hierher gehören auch die von den Ständen bei jeder Steuerbewilligung verlangten Reverse, dafs die Bewilligung ihren Privilegien nicht abträglich sein solle. Sie liefern einen Beweis, wie grofs die Besorgnis war vor einer gewohnheitsrechtlichen Herausbildung eines Anspruchs auf Steuerleistungen und wie gering das Vertrauen in die hier und da **allgemein** erteilte privilegiale Anerkennung des ständischen Bewilligungsrechtes[4].

Zuweilen kennzeichnet sich sogar die von dem Herrscher beim Regierungsantritt abgegebene Erklärung über die **Landesverfassung** als eine **Erneuerung** derselben, und gerade das Widerstreben der Herrscher gegen ihre Beachtung in der Praxis führt zu jenen wiederholten Erneuerungen derselben unter einem und demselben König oder Landesherrn[5], von welchen bereits die Rede war.

---

[1] Fr. W. Unger a. a. O. S. 242.
[2] Über diese Renovationen, welche dem ungarischen Verfassungsleben den ständischen Charakter in der deutlichsten Weise aufprägen, Tezner, Der österr. Kaisertitel, das ungarische Staatsrecht u. s. w. S. 6 f., 18 A. 16, S. 22. v. Balogh, Pester Lloyd 243: 1899 erblickt in dem Rechtsinstitut der Renovationen eine ganz besondere Stärke der ungarischen Verfassung, durch welche sie sich von anderen ständischen Verfassungen ausgezeichnet habe. Es handelt sich aber bei denselben um eine **allgemeine**, das ständische Verfassungsrecht kennzeichnende Erscheinung, welche den ihm anhaftenden Mangel inneren und eigenen Reaktionsvermögens gegenüber Eingriffen in die ständische Rechtsordnung in hohem Grade veranschaulicht.
[3] Bidermann II S. 282 A. 106, S. 356 A. 265.
[4] Ein frühes Beispiel einer solchen ein für allemal erteilten Anerkennung bietet das von Wladislaw den schlesischen Ständen erteilte Privilegium vom 28. November 1498 im P. 18; Rachfahl a. a. O. S. 442. Nichtsdestoweniger verlangen auch die schlesischen Stände bei jeder Bewilligung einen Specialrevers. Vgl. die Beispiele bei Schickfufs III S. 179 f., 184, 189, 198 u. a.; ferner v. Below III 1 S. 58, 73.
[5] Unger a. a. O. S. 107 A. 2; S. 242 f. Vgl. oben S. 36.

Diese Renovationen[1] und die Repetitionen der Stände um Anerkennung oder Erneuerung formell bestehenden Rechts führen aber nicht immer zu dem gewünschten Erfolg. Wenn es die Machtverhältnisse gestatten, bietet der König oder Landesfürst an Stelle des früheren Rechts ein **ihm wesentlich günstigeres**, und so erklärt sich die Erscheinung des **fortwährenden Schwankens fundamentaler staatlicher Einrichtungen**. Hier ein Beispiel: D. A. 38 § 1: 1569 setzt fest: quae justitiam, jura libertatesque Regni concernunt (also nicht die Regalia oder jura regia) in Hungarico ... Consilio tractari. D. A. 10: 1608 verfügt aber schlechthin: Neve (sc. Majestas regia) in rebus Hungaricis, aliorum quam Hungarorum consilio ... utatur ... si quis Hungarorum, in negotiis suis Hungaricis, alterius Nationis Consiliarios, et **Secretarios, pro expeditione** sua adiret; eamque ab is extraheret, eae de facto invigirosae et invalidae habeantur —[2], wogegen wiederum in D. A. 11: 1741 die Königin Maria Theresia sich zu nicht mehr versteht, als dafs sie in his, quae a concessa Sibi suprema potestate dependent, **pro altissimo Judicio regioque munere suo**, fidelium Consiliariorum Hungaricorum opera et consiliis utetur.

Mit diesem Gegensatz ist jener zu vergleichen, welcher besteht zwischen dem Innsbrucker Libell, das den Ständen einen rechtlichen Einflufs auf die Besetzung der landesfürstlichen Behörden einräumt, und der Erklärung Ferdinand I., er sei bei der Besetzung seiner Behörden frei und unverbunden[3].

Ist der König oder Landesherr stark genug, um seinen einseitig erklärten Willen zu **behaupten**, oder erweisen sich die von ihm gegen den Willen der Stände geschaffenen Einrichtungen durch ihre Wirksamkeit als unwiderstehlich, dann erlahmt und verstummt der Widerstand und die Stände selbst machen sich die Neuerung zu Nutze. Es sei hier wieder an die Behauptung der ungarischen Statthalterei gegenüber dem Palatin[4], der ungarischen Kammer gegenüber dem taverni-

---

[1] Der Ausdruck Repetition findet sich bei Schickfufs a. a. O. III S. 193, Renovation im Corpus juris Hungarici.

[2] Dieser D.A. bekräftigt meine, Kaisertitel, ungarisches Staatsrecht u. s. w. S. 97 aufgestellte Vermutung, dafs anfänglich der ungarische Kanzler am Hofe sich für die Ausarbeitung seiner Referate und für die Expedition der kgl. Resolutionen des Personals der österr. geheimen Hofkanzlei bedient habe.

[3] Rosenthal a. a. O. S. 216. Aus diesem starken Schwanken des positiven Rechts erklärt sich die grofse Schwierigkeit, zu entscheiden, auf wessen Seite beim Streite der österr. Herrscher mit den böhmischen und ungarischen Ständen über die Frage, ob Erb- oder Wahlreich, das Recht lag? Viroszil I 293 f., Deák a. a. O. S. 29 ff. gegen Lustkandl; Seidler, Dogmatische Studien S. 32 ff., 37 ff.; vgl. Tezner a. a. O. S. 27 ff.

[4] Viroszil I 258 A. r, III S. 81, 83.

corum regalium magister, der böhmischen Appellationskammer gegenüber dem schlesischen Oberrecht[1] erinnert. Damit erklärt sich die Thatsache, dafs die unter österreichischer Herrschaft in Ungarn entstandenen neuen staatlichen Einrichtungen, wie die neuen Behörden, die neuen Monopole u. s. w., **meistenteils älter sind als die Diätalartikel, in denen sie zum erstenmal genannt werden,** und welche bereits an ihren Rechtsbestand anknüpfen.

Infolge des hier auseinandergesetzten Mangels der ständischmonarchischen Verfassung an unmittelbaren und selbstwirkenden Einrichtungen zum Schutze des formell bestehenden Rechts[2] wird zuletzt alles, was an staatsrechtlich wichtigen Akten vom Herrscher und seinen Behörden ausgeht, zu einer **Machtprobe.** Der König und die ihn beratenden und vertretenden Behörden können es in dieser Hinsicht auf **jeden** Versuch ankommen lassen. Im ungünstigen Fall, wenn der Widerstand der Stände sich kräftig genug zeigt, kann die mifsliebige Mafsregel rechtzeitig zurückgenommen oder ihre Rücknahme gar zu einem Kompensationsobjekt für eine verlangte Steuerbewilligung gemacht werden. Im günstigen Fall bildet aber eine bedeutsame, dauernde, einen Machtzuwachs für die Krone bewirkende Einrichtung den Preis des Wagnisses. Den historisch merkwürdigsten Beweis für diese Behauptung liefert die in allen Territorien durch die Praxis der königlichen und landesfürstlichen Behörden gegen den entschiedenen Widerstand der Stände sich vollziehende **Reception des römischen Rechts,** welches nicht etwa blofs als subsidiäres Recht angewendet wird, sondern allenthalben auch das partikulare Herkommen und selbst das Recht der **Landesordnungen** verdrängt[3]. Diejenigen, welche ein Recht der Stände auf Mitwirkung zur Landesgesetzgebung behaupten, werden Mühe haben, dasselbe mit der historischen

---

[1] Rachfahl a. a. O. S. 252; Kries a. a. O. S. 20 f.

[2] Solcher Mittel entbehrt die ungarische Verfassung auch nach dem Jahre 1790/91, in welchem die Gesetzgebung den König und den Ständen gemeinsam erklärt wird. Noch bildet sich keine dem **Wesen einer solchen Gesetzgebung entsprechende Gesetzesform** aus, vielmehr ist das sogenannte Gesetz noch immer **Petitionserledigung**; es wird auch für die Zukunft die Entstehung des objektiven Rechts in der Form des Gewohnheitsrechts nicht abgeschnitten. Der D.A. 14: 1790/91 giebt der ungarischen Statthalterei kein Recht zur **mafsgebenden Feststellung der Gesetzwidrigkeit** eines kgl. Mandates, sondern nur die Befugnis zu **Vorstellungen.** Das persönliche, unverantwortliche Regiment des Königs dauert fort, und dagegen giebt es nach D.A. 3: 1827 nur das Recht, sich zu beschweren. Auch die richterliche Unabhängigkeit im Sinne des modernen Staatsrechts kennt die ungarische Ständeverfassung noch in ihrer letzten Epoche nicht; Viroszil I S. 106, 136, 310, 312, 325, II S. 75 A. c, d, S. 77 A. e, S. 265 A. e, III S. 27.

[3] Unger a. a. O. S. 213 ff., 219 ff.

Entwicklung der Reception zu vereinbaren[1]. Ganz besonders setzt sich aber die Geschichte der österreichischen Centralisation aus einer Reihe teils gelungener, teils mifsglückter Versuche[2] zusammen, gesamtstaatliche Einrichtungen ohne ständische Mitwirkung auf gut Glück zu schaffen.

Der älteren Beispiele, zu welchen noch die von Ferdinand I. einseitig auf Grund einseitiger Auslegung des Landesprivilegs geübte Zollgesetzgebung für Schlesien hinzuzufügen ist, wurde wiederholt gedacht. In späterer Zeit — und es ist dies höchst charakteristisch für das, was im Ständestaat die Krone für möglich hielt und sich erlauben durfte — unternahm Karl VI. den Versuch, eine einheitliche Thronfolgeordnung (!) für das ganze habsburgische Herrschaftsgebiet ohne Mitwirkung der Stände aufzustellen. Dieser Versuch ist nur, soweit Ungarn in Betracht kommt, mifslungen. Denn die nachträgliche Vorlage der pragmatischen Sanktion an die nichtungarischen Stände hatte nur den Zweck, das als pflichtmäfsig gedachte Gelöbnis derselben herbeizuführen, dafs sie an dem schon erlassenen Gesetze festhalten, für dasselbe im Falle der Gefahr eintreten würden, nicht aber möglich zu machen, dafs seine Gültigkeit durch Ablehnung einer Landschaft in Frage gestellt werden könne. Ein noch günstigeres Resultat hatte die einseitig erfolgte und auch für Ungarn als rechtsverbindlich verlautbarte Schaffung des österreichischen Kaisertitels, und zwar aus dem Grunde, weil die staatsrechtliche Tragweite dieses Titels, als eines staatsrechtlichen Ausdrucks für die einheitliche Übung bestimmter monarchischer Kompetenzen innerhalb des ganzen Herrschaftsgebietes der pragmatischen Sanktion und für die völkerrechtliche Einheit dieses Gebietes gegenüber dritten Staaten, nicht ganz und rechtzeitig erkannt wurde[3]. Als ähnliche Erscheinungen treten uns in der böhmischen Verfassungsgeschichte entgegen das Scheitern

---

[1] Der Hinweis auf die Geltung des römischen Rechts als Reichsrecht vermag keine Lösung dieses Widerspruchs zu bieten. Denn der Umfang der Reception war in den verschiedenen Territorien ein verschiedener. Er hing mit der Gestaltung der Machtverhältnisse und mit der Gestaltung der behördlichen Praxis zusammen und nicht mit der Stellung der Territorien als Reichsländer. Vgl. auch v. Below, Territorium S. 270.

[2] Kries a. a. O. S. 15. Wie sehr auch die ungarische Verfassung verfassungsrechtlichen Experimenten die Bahn eröffnete, darüber vgl. Hock-Bidermann, Der österr. Staatsrat S. 182 Abs. 2.

[3] Tezner, Der österr. Kaisertitel, das ung. Staatsrecht u. s. w. S. 163 ff. Über die Stellung ungarischer Schriftsteller zum österr. Kaisertitel und zur österreichischen Monarchie vgl. Viroszil I S. 138 A. n, S. 143, 175, 288, 340, II S. 98 f., 107, 171 A. b, S. 249 A. s, S. 281 A. p (österreichisch-deutsch-slavisch im Gegensatz zu österreichisch-ungarisch), S. 305; III 70, 179, 197 f., 257 A., S. 263 f., 268 A., S. 282 A. g; Tezner a. a. O. S. 173 f.; Cziráky a. a. O. §§ 80, 137, 343.

des Planes Karls IV., mittels der Majestas Carolina ein Reichsgesetzbuch zu schaffen[1], und als Gegenstück die mit Handschreiben Maria Theresias vom 1. Mai 1749, gewissermafsen über Nacht, erfolgte Vernichtung der Sonderstaatlichkeit Böhmens durch Aufhebung der böhmischen Hofkanzlei und der alten böhmisch-königlichen Statthalterei[2], die sich ohne jede Regung ständischen Widerstandes vollzog.

So leidet denn die Rechtsordnung des ständisch-monarchischen Staates an einer hochgradigen Precarietät nicht nur, soweit der Einflufs der Stände auf ihren Inhalt in Betracht kommt, sondern auch, was ihr Selbstbehauptungs-, ihr eigenes Reaktionsvermögen gegenüber ihrer Nichtbeachtung durch den Herrscher und seine Behörden anbelangt[3].

Übrigens erfährt diese hier geschilderte Entwicklung eine sehr kräftige Förderung durch die zwischen den verschiedenen ständischen Gruppen selbst herrschenden Gegensätze, welche es von dem Zeitpunkte, wo das Einungswesen seinen Höhepunkt überschritten hat, zu einem ständisch organisierten Schiedsamt infolge des diese Gruppen beherrschenden Mifstrauens nicht kommen lassen. Von da an bleibt für die Lösung der Interessenkonflikte, welche zwischen den Trägern der verschiedenen Privilegien entstehen, nur mehr die Entscheidung durch den Herrscher übrig[4]. Dabei machen sich die Stände

---

[1] Unger a. a. O. S. 222 f.
[2] Maafsburg a. a. O. S. 346 ff.
[3] Politisch erklärt sich das aus dem Mangel an politischem Ernst, welcher dieser Rechtsordnung in nicht geringem Mafse anhaftet, aus der Unmöglichkeit ihres Inhalts. Man denke an die Versicherungen, welche die Stände verlangen und erlangen, dafs der Landesherr nie wieder eine Steuer fordern werde; Kries a. a. O. S. 6 A. zum Schlufs, S. 10, 12; v. Below III 1 S. 73. Das fordert dann die Entfaltung der Lehre von der obligatio im possibilis, von der Unverbindlichkeit unter dem Einflufs von Zwang, Irrtum entstandener, Rechte Dritter verletzender Versicherungen auf dem Gebiete des staatlichen Lebens heraus; so stellt Ferdinand I. 1546 dem Inhalt der Steuerreverse den Satz entgegen, dafs Not kein Gesetz kenne; Kries a. a. O. S. 10; Schulte a. a. O. I S. 152; Brie I S. 114 ff., 239 f.; Cziráky a. a. O. §§ 370, 371, 621; Viroszil II S. 93, 137, 185 ff.; Tezner, Kaisertitel, ung. Staatsrecht S. 40 f. Aber auch das Vorgehen der Stände kennzeichnet sich als Gesetzesflucht, freilich aus wesentlich egoistischen Gründen. Man denke an die häufigen Wiederholungen von Landtagsschlüssen gleichen Inhalts auf dem Gebiete des Polizeiwesens, an die Republikationen landesherrlicher Verordnungen, an das kontumaziöse Verhalten der ungarischen Komitate selbst gegenüber publizierten Reichstagsabschieden; Elvert, 16. Bd. der Schriften der historisch-statistischen Sektion der mähr.-schles. Gesellschaft S. 847 ff.; derselbe, Zur österr. Verwaltungsgeschichte S. 129, 136, 140 ff.; Rachfahl a. a. O. S. 386 ff., 396; Tezner, Landesfürstliche Verwaltungsrechtspflege S. 180 A. 40; Kries a. a. O. S. 3 A. 2a, 97; D.A. 14 § 3: 1791; Viroszil II S. 284 f. A. b, III S. 39, 97 A. a, S. 208.
[4] Diese ständischen Rivalitäten sind der Grund, warum selbst im Zeitpunkt gröfster Schwäche der monarchischen Gewalt der König oder Landesherr doch noch immer zur Bekräftigung, Bestätigung von

schon im 16. Jahrhundert für ihre wechselseitige Bekämpfung dieselben Rechtsideen zu Nutze, welche von seite des Herrschers gegen sie alle zur Geltung gebracht werden. Auf diese Thatsache kann nicht genug Gewicht gelegt werden gegenüber der von namhafter Seite aufgestellten Behauptung, es sei die Epoche der Privilegienrevision in die Zeit nach dem 30jährigen Kriege zu verlegen. So erfolgt die Zuweisung aller Privilegienstreitigkeiten an die Regimente auf dem Innsbrucker Landtag auf das von den ständischen Ausschüssen selbst gestellte Verlangen, es möge im Wege der landesfürstlichen Rechtsprechung Wandel geschaffen werden gegenüber allen von wem immer in Anspruch genommenen Freiheiten, die zu Abpruch und Nachtheil gemainer Landt und gemain's nuz freiheiten reichen und dienen[1]. Die unter ständischer Mitwirkung zu stande gekommene, von Karl V. bestätigte Tiroler Landesordnung erklärt alle „auf Pös underricht" verliehenen Zunftprivilegien reszissibel[2]. Bei der innigen Verknüpfung von Stadt- und Zunftverfassung drückt sich in dieser Bestimmung ein Erfolg des Kampfes der feudalen Grundbesitzer gegen das Stadtrecht aus. Allein auch für Verfassungsfragen von universaler Bedeutung erübrigt von dem Zeitpunkte, wo dieselben nicht mehr durch Kriegsführung zwischen den Ständen untereinander entschieden werden können und das Mifstrauen gegeneinander die Einsetzung eines ständischen Schiedsgerichts nicht gestattet, nichts anderes als die Entscheidung durch den König oder Landesherrn selbst. Im Jahre 1545 verlangen die böhmischen Stände von Ferdinand I. Bekräftigung des von König Wladislaw ihnen erteilten Privilegs der Besetzung des schlesischen Oberamts ausschliefslich mit Böhmen unter Berufung darauf, es sei das ihm widersprechende, den Schlesiern im Jahre 1498 erteilte Privileg schon durch König Ludwig als hinterlistig erschlichen vernichtet worden[3]. Um dieselbe Zeit stellen sich die böh-

---

Privilegien und als Hüter derselben gegenüber Anfechtungen und Verletzungen angerufen wird. Dazu ist er noch immer gut genug. Schon die niederösterreichische Regimentsordnung von 1502 führt unter den Gegenständen der Schiedskompetenz des Regiments an: alle Irrung und spänn, welche sich ergeben, zwischen Prälaten, Städten, hohen Personen, In was wirden, Stats oder wesens die sein; Österr. Zeitschrift für Geschichte Jg. 1887 S. 232. Vgl. auch Unger a. a. O. S. 33, 88, 92, 175; Rachfahl a. a. O. S. 59, 292; v. Below, Territorium S. 271 f.

[1] Rapp a. a. O. S. 50. Die schlesischen Stände bekämpfen die kgl. Privilegien auf Steuerfreiheit schon im 16. Jahrhundert, weil das bonum et necesse publicum mehr in acht zu halten sei als das privatum; Kries a. a. O. S. 36, 79 A. 3, S. 80 f.

[2] Innsbrucker Libell, Kärnthner Landhandfeste S. 125; Tezner, Landesfürstliche Verwaltungsrechtspflege S. 74 A. 82a.

[3] Rachfahl, Gesamtstaatsverwaltung S. 157.

mischen Stände auf seite Ferdinand I. in dessen Kampfe gegen die Inappellabilität des schlesischen Oberrechts durch den Beschluſs, es würde dem König zu Behaimb durch diese Inappellabilität die Hoheit der Appellation wider alles Göttliche, Natürliche beschriebene Recht benommen[1]. Der unter König Mathias zwischen den böhmischen und schlesischen Ständen entbrannte Streit, ob die von diesem König den Schlesiern gewährte schlesisch-oberlausitzsche Vicekanzlei mit den hierbei vorbehaltenen Rechten der Böhmen vereinbar sei, ist durch königliche Entscheidung beendet worden[2]. Die schlesischen Stände stellen damals den Ansprüchen der Böhmen auf eine universale Hofkanzlei in Prag das Regal der Organisation der königlichen Ämter entgegen[3].

Auf diesem Wege gelangt schlieſslich der König oder Landesherr schon früh, und zwar schon im 16. Jahrhundert, wenn auch nicht zu einer Gerichtsgewalt, so doch zu einer schiedsamtlichen Funktion sogar auf dem Gebiete des ständischer Bewilligung unterliegenden Steuerwesens, sofern über die Bewilligung Streit unter den Ständen selbst entsteht[4].

---

[1] Schickfuſs III S. 280. Schon beim Regierungsantritte Ferdinand I. verlangen die böhmischen und schlesischen Stände gegeneinander, der zu wählende König möge kein Privileg bestätigen, welches mit ihren Rechten unvereinbar sei; Buchholtz, 2. Bd. S. 437 f, 439 f.; Schickfuſs III S. 171. Nach D.A. 3: 1791 haftet auch dem vom gekrönten ungarischen König erteilten Privileg die Klausel salvo jure alieno an. Es sind also die Stände selbst, welche infolge der zwischen ihnen bestehenden Rivalitäten die konstitutive Bedeutung der Privilegiumsbestätigung fördern helfen. Erwägt man, daſs der den Privilegienbestätigungen beigefügte Vorbehalt eines guten löblichen Inhalts des Privilegiums, seiner Erweisbarkeit, seiner Vereinbarkeit mit der königlichen Würde, mit dem natürlichen und göttlichen Recht schon im 13. Jahrhundert nachweisbar, im 14. Jahrhundert aber allgemein üblich ist, und daſs sich die Stände diesen Vorbehalt schon im 15. Jahrhundert, jedenfalls aber im 16., gegen einander zu Nutze machen, so erweist sich die Bemerkung Rachfahls bei Schmoller S. 356, die Revisibilität aller Privilegien sei ein erst im Laufe des 16. Jahrhunderts durch die Kronjuristen zur Geltung gebrachter Grundsatz, und sie sei zunächst auf den heftigsten Widerstand der Stände gestoſsen, im ersten Punkte als unrichtig, im zweiten als zu weitgehend.

[2] Rachfahl, Gesamtstaatsverwaltung S. 424, 426.

[3] A. a. O. S. 426.

[4] So senden schon 1537 die kgl. mährischen Städte Abgeordnete an Ferdinand I. nach Prag mit der Bitte um Entscheidung der Streitfrage, ob sie zu den vom Landtag bewilligten Subsidien zu steuern verpflichtet seien? Elvert, Zur österr. Finanzgeschichte S. 158 f. Allein selbst 1661, also nach Beendigung des 30 jährigen Krieges, instruiert Leopold I. seine Kommissäre anläſslich eines ausgebrochenen Streites über die Kontributionspflicht der kgl. Städte in Mähren dahin, sie möchten den Ständen beweglich vorstellen, daſs sie einen Teil der Kontribution auf sich nehmen möchten, damit auch die Städte williger werden, und nimmt während dieses Streites nur schiedsamtliche Stellung ein; Elvert a. a. O. S. 312 f. v. Below III 2 S. 117 macht Mitteilung von einer schon im 14. Jahrhundert bestehenden gerichtlichen

VI.

Dasselbe Bild größster Verschwommenheit und Unsicherheit, wie die gesamte Rechtsordnung des ständisch-monarchischen Staates überhaupt, bietet auch jener Teil derselben, der sich auf die **Struktur der Landschaft selbst** bezieht. Man pflegt die Landschaft bald als Korporation, bald als eine mit Rechtssubjektivität ausgestattete[1] Zwangsgenossenschaft zu kennzeichnen. Allein damit erregt man bei den Juristen jene verhältnismäßig klaren Vorstellungen, die sich an diese modernen Gebilde knüpfen, die jedoch, auf die Landschaften selbst bezogen, **ganz falsch** sind. Schon im Anfange tritt uns die Landschaft, ein Produkt des gegen die Übermacht des Herrschers gerichteten Einigungswesen einerseits, des Anlehnungsbedürfnisses des Herrschers an die Träger politischer und socialer Macht andererseits, als eine **Form der Mitwirkung sämtlicher jeweiliger Potentes oder Potiores** zur Erledigung von politischen Angelegenheiten oder zu Rechtsgeschäften des Herrschers entgegen. Dieser Charakter der Landschaft erfährt bis zu dem Zeitpunkt, wo sie nicht mehr ist als eine Korporation zur Verwaltung des Landesvermögens und der Landesanstalten, keine wesentliche Veränderung. Es bestehen deshalb keine im vorhinein aufgestellten Rechtsnormen, welche die Voraussetzungen der Mitgliedschaft und die interna corporis in abstrakter Form regeln würden, sondern alle diese Dinge passen sich den **jeweiligen Machtverhältnissen** an und wir gewahren deshalb noch im 15. Jahrhundert, und noch später, ein Schwanken in der Zusammensetzung innerhalb verhältnismäßig kurzer Zeiträume, ohne daß demselben irgendwelche Satzungen entsprechen würden[2]. Wo Landesmatrikeln bestehen, **klären** sie nicht das Recht, sondern spiegeln nur die jeweilige **Machtlage** wieder[3]. Wer

---

Rechtspflege in Sachen ständisch bewilligter Steuern. Allein das Steuergericht ist das nicht ausschließlich aus landesfürstlichen Räten bestehende, ordentliche Gericht. Vereinzelte Landtagsschlüsse eröffnen in Böhmen schon um die Mitte des 17. Jahrhunderts den Rechtszug in Steuersachen an Hofbehörden. Für Niederösterreich erklärt eine Resolution vom 22. Oktober 1722 alle contentiosa, auch wenn sie Kontributionssachen betreffen, vor die landesfürstliche Regierung und Kammer gehörig (Codex Austriacus IV S. 109); und schon unter Ferdinand I. kommen Sistierungen ständischer Exekutionen durch landesfürstliche Gerichte vor. Zur ganzen Materie Rachfahl a. a. O. S. 292.

[1] v. Below II S. 13, S. 62 A. 234.
[2] v. Below I S. 70, II S. 31 f., 56, 72, III 1 S. 83, III 2 S. 134; Unger a. a. O. S. 35, 133 f. Vgl. auch schon Bluntschli a. a. O. S. 50.
[3] Selbst diese Matrikeln liefern nicht immer ein deutliches Bild der Wirklichkeit: Jäger, Geschichte der landständischen Verfassung Tirols II 2 S. 514; Adler, Das Gültbuch von Nieder- und Oberösterreich, Festschrift für Unger S. 515, 517. Die Unsicherheit der ganzen Materie findet sich richtig gewürdigt bei Kink, Akademische Vorlesungen über die Geschichte Tirols bis zur Vereinigung von Österreich S. 395. Jäger, der a. a. O. I

keine Macht besitzt oder die besessene eingebüfst hat, um den braucht sich der Herrscher und die Stände nicht zu kümmern. Der mufs sich ohnedies fügen[1].

Zuweilen gelingt es, Dinge durchzusetzen, welche der Herrscher nicht mit allen Potentes oder Potiores, sondern nur mit den Potentissimi beraten hat[2]. Andererseits ist die Form der Mitwirkung der „Landschaft" zu urkundlichen Rechtsgeschäften des Herrschers nicht etwa die, dafs die Rechtsurkunden von im vorhinein bestimmten Organen der Landschaft, dafs sie vielmehr von allen Teilnehmern der Beratung unterfertigt werden, gleichviel ob sie Träger bestimmter landesamtlicher Funktionen sind oder nicht[3].

Weil nun so die Landschaft von der organisierten modernen Korporation so weit entfernt ist wie eine den wechselnden Machtverhältnissen folgende Organisation von einer durch abstrakte Rechtsnormen im vorhinein geregelten, deshalb ist aus den Quellen über die Frage nach den interna corporis, vornehmlich aber über die Beschlufsformen häufig so gut wie nichts zu entnehmen. Die Historiker behelfen sich gegenüber dieser Thatsache mit der Mutmafsung eines Herkommens. Aber die häufig rasch aufeinanderfolgenden Veränderungen in

---

S. 13 dagegen polemisiert, übersieht, dafs die unleugbaren Schwankungen in der Zusammensetzung der Landschaft mit ihrem Wesen als eines Produkts der jeweiligen Machtverhältnisse zusammenhängen. v. Below, Territorium S. 115 A. e, S. 26 ff.

[1] Unger a. a. O. S. 394; v. Below II S. 52 A. 188, S. 73 A. 278 und besonders Territorium S. 188 f., 212, 215, 225 A. 2, S. 226 f., 243.

[2] Unger a. a. O. S. 144 f., 315, 318, 321; v. Below I S. 73 f., II S. 24, 49, 73 f., III 1 S. 78 f.; Schickfufs a. a. O. III S. 102. Eine Fortwirkung dieser Erfahrung ist es, wenn unter Josef II. ein ungarischer Staatsrat meint, die Beratung eines Aktes mit dem ungarischen Rate am Hofe sei rechtlich der Beratung mit dem Landtag gleichzuachten. Hock-Bidermann, Der österr. Staatsrat S. 194.

[3] Innsbrucker Libell, Kärnthner Landhandf. S. 107; Unger a. a. O. S. 209, 250; v. Below II S. 19, 21, 23, 50. Die Historiker wollen diese Thatsache mit der Natur der Landschaft als Persönlichkeit und Korporation durch die Erklärung vereinbaren, dafs für die damalige Auffassung der Wille der Gesamtperson auch nur durch einige jener Individuen hergestellt werden konnte, welche das Substrat derselben gebildet hätten; v. Below I S. 24 und der dort A. 89 cit. Sickel. Das gilt doch auch von der modernen Korporation. Allein hier werden diese mit kreatorischen Befugnissen ausgestatteten Glieder im vorhinein durch die Korporationsverfassung, nicht aber durch das subjektive Kalkül bestimmt, mit welchen Personen vermöge ihres Ansehens und ihrer Macht das Auslangen zu finden sei, um vorzunehmenden Akten des Herrschers Autorität und Kredit zu sichern? v. Below I S. 74, II S. 60; Jäger II 1 S. 29 f.; Elvert, Zur österr. Finanzgeschichte S. 314. Andererseits ist es nicht richtig, dafs für die damalige Zeit der Begriff der Gesamtpersönlichkeit kein numerischer gewesen sei; Sickel a. a. O. Er ist es heute nicht, während in der ständischen Epoche, was man den Willen der Landschaft nennt, sich sehr häufig darstellt als die blofse Summe von Willensakten aller zur Mitwirkung bei einem landesherrlichen Akt Einberufenen.

der Zusammensetzung legen die Vermutung näher, **dafs auch in diesem Punkte die jeweilige Machtlage den Regulator bildete, so dafs die pars potior die pars major bildete**[1].

Aber geradezu eine Karikatur einer Korporation oder einer Zwangsgenossenschaft bildet die Landschaft, wenn sich Gegensätze von gleicher Kraft innerhalb derselben geltend machen. Namentlich die Sonderverhandlungen über Steuerbewilligungen mit den einzelnen Kurien, ja selbst mit einzelnen **Mitgliedern** der Landschaft, von denen uns die Quellen erzählen, und die für die verschiedenen Pacicenten zu **besonderen Ergebnissen** führten[2], sind nicht so zu erklären, als wären sie auf die Erzielung einer Selbstbelastung über die Landtagsbewilligung hinaus gerichtet gewesen, sondern vielmehr mit der Unmöglichkeit, einen Beschlufs zu erzielen, dem sich **alle** Mitglieder der Landschaft gefügt hätten[3]. Die Steuerbewilligung macht deshalb den Eindruck einer **Summe von Sonderbewilligungsakten** und steht dem modernen Gesamtakt[4] ungleich näher als dem Korporationsbeschlufs, wie denn in der That selbst von einzelnen Mitgliedern der Landschaft die Verbindlichkeit eines Landtagsabschiedes mitunter wirksam aus dem Grunde bestritten wird, dafs sie demselben nicht zugestimmt hätten[5]. Wir können dieses, den korpora-

---

[1] Kries a. a. O. S. 28 A. 3, S. 60; Unger a. a. O. S. 109, 147, 434, 436 f. Wenn nach Schickfufs III S. 104 der Oberhauptmann nach vergeblichem Einigungsversuch die dissentierenden Voten der drei Kurien zum Schlusse zu richten hatte, so ist dies wohl kaum im Sinne der Majorisierung der mächtigeren, sondern im Sinne der Ignorierung der politisch niederen Kurien gegenüber dem Votum der Mächtigeren zu verstehen; ganz so wie dies Viroszil vom ungarischen Reichstag anführt, für welchen es eine feste, alle Willkürlichkeiten ausschliefsende Norm der Beschlufsbildung noch zum Ausgang der ständischen Epoche nicht gab. A. a. O. II S. 368 A. d, S. 406, III S. 40 A., S. 50 ff. und A., S. 52 f. A. v, S. 54 A. v, S. 208 A. c. Durch die Darstellung Viroszils findet jene Deáks (a. a. O. S. 16, 42; dagegen Viroszil III S. 46 A.), welche ziemlich stark mit dem Unterbleiben ihrer Nachprüfung seitens des Lesepublikums gerechnet hat, eine sehr entschiedene Widerlegung. Vgl. auch v. Below, Territorium S. 238 ff., 247.

[2] Kries a. a. O. S. 3 A. 2, 6, S. 24 A. 4; Unger a. a. O. S. 113, 246, 388, 390 f., 394, 400 ff., 414, 420, 437 f.; Elvert, Zur österr. Finanzgeschichte S. 31, 78, 110, 158, 314; v. Below I S. 78 A. 268, II S. 26, 27 A. 102, S. 28, 74, III 1 S. 78, 83, III 2 S. 158 ff., 162, 183 ff., 191 ff., Rachfahl a. a. O. S. 116.

[3] v. Below, Territorium S. 237, 239.

[4] Gierke I S. 537, 548, 551, 556, 562, 571; Rachfahl a. a. O. S. 196. Herausgebildet wurde der Begriff des Gesamtakts von Kuntze, Der Gesamtakt, ein neuer Rechtsbegriff. Hierzu Tezner, Grünhuts Zeitschrift 21. Bd. S. 168 f. und Österr. Kaisertitel, ung. Staatsrecht S. 198 A. 15.

[5] Vgl. den Abschied von 1544 bei Kries a. a. O. S. 93; Elvert a. a. O. S. 78. Umgekehrt, und auch hierin äufsert sich die im Texte gekennzeichnete Natur der Landtagsabschiede, sollen gewisse Inter-

tiven und zwangsgenossenschaftlichen Charakter der Landschaft störende, die Ausbildung einer Steuergesetzgebung und eines Steuerrechts vereitelnde Secessionsbestreben fast während der ganzen Dauer des ständisch-monarchischen Staates verfolgen[1]. Es erfährt, und zwar nicht blofs auf dem Gebiete des Steuerwesens, eine überaus wirksame Förderung durch die Privilegialrechte und Exemtionen, welche der einzelne Landstand mit Recht oder Unrecht für sich geltend macht, sofern nicht der Wille und die Macht besteht, sich über dieselben hinwegzusetzen. Denn diese sollen, nach Auffassung der Interessenten, **nur mit Zustimmung der Berechtigten und Befreiten** aufgehoben werden können, eine Auffassung, die in Ungarn in dem Diätalartikel 10 des Landtags 1790/91 ihren höchsten Triumph feiert, sofern derselbe darauf ausgeht, durch Erhebung der Steuerfreiheit des Adels zu einer grundgesetzlichen Schranke der **Gesetzgebung selbst** die Entwicklung derselben in der Richtung des Konstitutionalismus für **alle Zukunft** abzuschneiden[2]. So sind die Landtagsschlüsse von höchst unsicherer Natur nicht nur, was die formalen Voraussetzungen für ihre Entstehung, sondern auch was ihre Wirkung betrifft[3]. Als eine aus wechselnden Machtverhältnissen hervorgehende Organisation findet die Landschaft mit ihren auf rechtliche Wirkung hinzielenden Schlüssen ihre Schranke nach **oben** wie nach **unten** an den thatsächlichen Machtverhältnissen[4]. Wo dieselben für sie ungünstig sind, mufs sie selbst auf jenem Gebiete, auf welchem sie ihre politisch bedeutsamste Thätigkeit entfaltet, nämlich

---

essenten an den Beratungen der Landschaft nur dann teilnehmen dürfen, wenn es sich um ihre Interessen handelt; Unger a. a. O. S. 115; Rieger a. a. O. S. 572.

[1] Sckickfufs III S. 177, 212; Kries a. a. O. S. 13 A. 18, S. 24 A. 4, S. 33 A. 13, S. 41, 51 A. 4. S. 52 f. A. 10, S. 53, 54 A. 6; Unger a. a. O. S. 65; Elvert, Zur österr. Finanzgeschichte S. 158, 312 ff.; Rachfahl a. a. O. S. 113 A. 1, S. 145 A. 3.

[2] Tezner, Der Kaisertitel, das ung. Staatsrecht S. 36. Ebenso scheint der Schlufssatz der schlesischen Polizeiordnung von 1571, Schickfufs III S. 167, auf der im Texte erwähnten Auffassung zu beruhen. Vgl. auch Unger a. a. O. S. 438; Rieger, Österr. Staatswörterbuch S. 572. Die bei Brie I S. 253 A. 7 aufgestellte Behauptung, es sei die Unfähigkeit des Gesetzes zur Aufhebung von Geschlechterrecht nur in der vorhistorischen Zeit anerkannt gewesen, findet somit in der Geschichte des deutschen Ständestaates ihre Widerlegung.

[3] Vgl. die Zweifel, welche hinsichtlich des Kreises der durch Landtagsschlüsse verpflichteten Personen bestehen; Unger a. a. O. S. 394.

[4] Zuweilen scheitert die Einhebung der von der Landschaft bewilligten Steuern an dem blofsen Widerstande der Betroffenen; Kries a. a. O. S. 36 A. 7, S. 41 A. 4, S. 46, 51 A. 4, S. 52 f., S. 54 A. 6, S. 61 f. A. 10; v. Below III 2 S. 155. Über die jeweilige Hervorkehrung des den Ständen passenden Standpunkts, Kries a. a. O. S. 24 A. 4 u. S. 36 A. 6.

auf jenem des Steuerwesens, die monarchische Gewalt um Herbeiführung der ausbleibenden autoritativen Wirkung anrufen[1].

Von den Mitgliedern der Landschaft selbst wird der korporative und zwangsgenossenschaftliche Charakter der Landschaft nur dann angerufen, wenn es ihrem Vorteil entspricht[2], im entgegengesetzten Falle aber geleugnet, und zwar mit um so gröfserem Erfolg, je mächtiger der Opponent ist. Was aber die Vergleichung des Gemeinwesens mit einem corpus betrifft, dessen Haupt der Herrscher, dessen Glieder die Fürsten sind[3], so stammt sie aus der Staatslehre der vorständischen Epoche und kann aufserdem auch aus dem Grunde für den korporativen Charakter der Landschaft nicht ins Treffen geführt werden, weil vermöge desselben die Landschaft als Persönlichkeit dem Landesherrn entgegengehalten werden müfste, während der symbolistisch-mystische Staatskörper der mittelalterlichen Staatslehre den Herrscher als Haupt mitumfafst. Für den Ständestaat kann aber die Bezeichnung der Stände als Mitglieder der Krone oder als Mitkrone keine andere Bedeutung beanspruchen, als in mystisch-symbolischer Weise ausdrücken, dafs alle Herrschaft im Lande ausschliefslich dem Monarchen und den Ständen gebühre, in deren Miteigentum stehe[4]. Im übrigen äufsert sich die numerisch-atomistische Auffassung der Stände von der Landschaft in jenen Bezeichnungen, welche diesen Namen durch Aufzählung der Teilnehmer ersetzen. So heifst die Landschaft im Erzstift Bremen: Domkapitel, Prälaten, Ritterschaft, Städte und gemeine Stände; in Hessen: Ritterschaft, Städte und Landschaft; in Schleswig-Holstein: Prälaten, Räte, Mannen und Städte; in Ungarn: status et ordines[5].

---

[1] Vgl. oben S 55; Schickfufs III 177; Kries a. a. O. S. 88.

[2] Vgl. Buchholtz, Geschichte der Regierung Ferdinands I. 8. Bd. S. 295 f.; Kries a. a. O. S. 30 A. 3, 4.

[3] Gierke I S. 511, II S. 568 A. 21, III S. 248, 251, 691; Unger a. a. O. S. 115, 206, 277; v. Below II S. 12; Rachfahl a. a. O. S. 135. Vgl. insbes. constitutio a. 1232 (M. G. L. II 91) velut membris insidet caput, ita nostrum in principibus viget et consistit imperium.

[4] Gierke II S. 568. In Werböcz und in anderen ungarischen Rechtsquellen ist vom König und den Ständen die Rede als dem totum corpus sancti regni, den membra sacrae regni coronae, Viroszil I S. 282 f., II S. 259. Auch in diesen Wendungen erblickt Balogh, Pester Lloyd Nr. 242: 1899 den Ausdruck einer dem ungarischen Nationalgeist ganz eigentümlichen Staatsidee, durch welche die auf ihr ruhende altungarische Verfassung aus den ständisch-monarchischen Verfassungen heraus zur Bedeutung einer konstitutionell-monarchischen emporgehoben werde. Wie die vorhergehende Anmerkung beweist, haben wir es aber mit einem allen ständisch-monarchischen Verfassungen anhaftenden Symbolismus zu thun.

[5] Unger a. a. O. S. 115, 125, 173 f.; Jäger II 1 S. 147, II 2 S. 344.

Wenn deshalb die geschichtliche Forschung die Landschaft als Korporation oder als Zwangsgenossenschaft bezeichnet[1], so muſs diese Kennzeichnung dahin eingeschränkt werden, daſs vor wie nach dem dreiſsigjährigen Kriege der Zusammenschluſs der Landschaft zu einer organischen Einheit, zur Persönlichkeit sehr viel zu wünschen übrig läſst, und daſs selbst nach dem dreiſsigjährigen Kriege die koerzitive Seite der Landstandschaft schwächlich ausgebildet ist, und von den ständischen **Monarchen** mit gröſserer Entschiedenheit betont wird als von den **Ständen selbst**[2]. Auch die Hemmung, welche die Entwicklung der Territorien und einer geschlossenen **undurchbrochenen** Gebietsgewalt über dieselben durch das Ständewesen, durch die mit demselben verknüpfte Zerklüftung der Stände selbst und durch die Steuerprivilegien derselben erfahren hat, war gröſser als die Förderung, die ihr von dieser Seite zeitweilig zu teil geworden ist[3]. Auch kommt diese Förderung nur kleineren Territorien zu statten. **Gegenüber der Entstehung gröſserer Staaten fällt die ständische und partikularistische Bewegung zusammen**[4].

---

[1] v. Below II S. 65, I S. 3.

[2] v. Below, Territorium S. 236 f. Schickfuſs a. a. O. S. 104 berichtet uns, welche Eile die Stände hatten, vom Landtage wegzukommen. In Schlesien erfolgt gerade in der Blütezeit des Ständetums die Einberufung des Fürstentags mit dem Beifügen, daſs niemand vor Schluſs desselben ohne Vorwissen des kaiserlichen Kommissars abreisen dürfe, a. a. O. S. 211. Aber noch Leopold I. muſs Strafsanktionen gegen das Ausbleiben, das vorzeitige Verlassen des Landtags aufstellen; Elvert 16. Bd. S. S. 872 f. Das Wegbleiben oder Weglaufen der Stände vom Landtag erklärt sich hie und da mit der Kostspieligkeit längeren Aufenthalts; Below, Territorium S. 233, und wird andererseits durch die Auffassung gefördert, daſs der Abwesende durch die Beschlüsse der Anwesenden nicht verpflichtet werden könne. Auf dieser Auffassung ruhen zum Teil die Einwendungen, welche Lustkandl gegen die Gültigkeit der Beschlüsse des ungarischen Reichstags von 1848 erhoben hat. Vgl. hierzu Deák, Ein Beitrag zum ung. Staatsrecht S. 14 f., welcher indes mit Argumenten repliziert, die dem konstitutionellen Staatsrecht entnommen sind. Vgl. auch Motloch a. a. O. S. 554 zum Schlusse.

[3] Below I S. 3. Man denke an die Schwierigkeiten, welche die süddeutsche Ritterschaft und der Klerus den territorialen Bildungen entgegengestellt hat; Unger a. a. O. S. 27 ff., 35 ff. Vgl. auch Kries a. a. O. S. 61 A. 9, 10.

[4] v. Below, Territorium S. 221 f. Mit Nachdruck ist jedoch in diesem Punkte hervorzuheben, daſs der Widerstand der Stände verschiedener Territorien gegen die Centralisationspolitik der Landesfürsten der Wahrung der ständischen Vorrechte der territorial geschiedenen Gruppen gilt, gegenüber dieser Vorrechte unberührt lassenden Schaffung centraler Hofbehörden aber sich als schwach und unzulänglich erweist. Hierzu Tezner, Der österr. Kaisertitel, das ung. Staatsrecht und die ung. Publizistik S. 36, 46 ff. S. auch v. Below a. a. O. S. 225 A. 1.

VII.

Verhältnismäfsig am deutlichsten ausgeprägt unter den Rechtsinstituten des Ständestaates ist das Steuerbewilligungsrecht der Stände. Immerhin ist auch dieses Rechtsinstitut beherrscht von jener naiven, für beide Teile erkennbaren und darum für eine moderne Vorstellungsweise höchst ergötzlichen Unaufrichtigkeit im rechtlichen Verkehr zwischen Fürst und Ständen, welche dem ständischen Verfassungsleben ein so eigentümliches Gepräge verleiht und den schwankenden Charakter der ständischen Einrichtungen hervorruft.

Den Begriff der modernen Steuer hat man von dem ständischen Steuerbewilligungsrecht fernzuhalten[1]. Die Steuer ist nach Vorstellung der Stände keine Abgabe, sondern eine Gabe, keine Steuer, sondern eine Beisteuer, eine Aushilfe[2], ein Zuschufs, der dem König oder Landesherrn gewährt wird, wenn er mit dem Seinen[3], d. i. den ihm rechtlich gehörigen und gebührenden Einkünften, sei es in seinem Haushalte, sei es bei Bestreitung der Kosten der Verwaltung seiner Hoheitsrechte nicht auszukommen vermag. Dieser Gesichtspunkt wird während der ganzen Dauer des ständischen Bewilligungsrechts festgehalten, ungeachtet späterhin regelmäfsig die gemeine Not des Landes, somit das Interesse der Unterthanen von den Fürsten als Grund des Ansinnens an die Stände vorgebracht und von den Ständen als Rechtfertigungsgrund für das Verlangen nach einer Aushilfe anerkannt wird[4]. Schon aus diesem Grunde kann im ständisch-monarchischen Staate von einer Steuerverfassung, einer Steuergesetzgebung, einem Steuerrechte im modernen staatlichen Sinne des Wortes nicht gesprochen werden. Die publizistische Bedeutung der Steuer ist für die Stände klar, sie werden durch eine stetige Erfahrung von der Nutzlosigkeit der Verleugnung dieser Bedeutung belehrt. Nichtsdestoweniger lassen sie sich immer wieder durch Reverse versichern, dafs die Steuer dem Herrscher ohne Rechtspflicht und freiwillig gegeben werde, und dafs nicht wieder eine Steuer werde gefordert werden(!)[5], und dieser Rervers wird vom König oder Landesherrn immer wieder erteilt ohne ernstliche Absicht, ihn einzuhalten. Noch in anderer Beziehung weist das Steuerbewilligungsrecht widersprechende

---
[1] v. Below III 2 S. 205.
[2] Kries a. a. O. S. 16; v. Below III 1 S. 73 f. Das schlesische Landesprivileg von 1498 nennt übrigens im P. 18 (Kries S. 105; Rachfahl S. 442) sowohl die dem König rechtlich gebührenden Abgaben wie die ständischer Bewilligung bedürftigen Steuern „Beistewer".
[3] v. Below III 1 S. 70.
[4] A. a. O. III 2 S. 205.
[5] v. Below III 1 S. 74.

Züge auf. Die Steuer soll eine vollkommen freie Gabe sein. Nichtsdestoweniger bieten die Quellen Anhaltspunkte dafür, dafs für die Stände eine **Rechtspflicht zur sachlichen Erledigung der königlichen oder landesherrlichen Postulate** bestand, welche nur durch einen Verzicht des Königs oder Landesherrn aufgehoben werden konnte, wie umgekehrt eine Rechtspflicht des Königs oder Landesherrn zu einer sachlichen Erledigung der ständischen Beschwerden. Beide Dinge standen ohnedies in einer gewissen synallagmatischen Verbindung. Anders läfst sich das Versprechen des Herrschers, künftig nicht wieder Steuern zu fordern, befriedigend nicht erklären[1]. Unzweifelhaft gehören zu den necessitates Regis, zu den propositiones regiae, welche der ungarische Reichstag nach dem D. A. 25: 1495 und 7: 1715 ante omnia oder prae ceteris zu traktieren verpflichtet sein soll, die Steuerpostulate, welche den regelmäfsigen Teil der Proposition bilden. Freilich die Stände entscheiden, soweit im Ständestaat von solcher Wirkung gesprochen werden kann, in **mafsgebender** Weise über die Frage, ob und in welchem Umfange das königliche oder landesherrliche Postulat, gleichviel, **ob es zulänglich begründet ist oder nicht**, erfüllt werden solle, und dies ist der Kern des Bewilligungsrechts, der sich aus den verwirrenden Umhüllungen desselben herausschälen läfst[2].

Auch aus anderen bereits angeführten Gründen kann die ständische Steuerbewilligung der modernen Steuergesetzgebung nicht an die Seite gestellt werden. Die Sonderverhandlungen mit einzelnen Gruppen, ja selbst mit einzelnen Gliedern der Landschaft einerseits, die Steuerfreiheiten derselben andererseits lassen es zu jener **Einheitlichkeit und Geschlossenheit des Aktes des Steuerbewilligung**, zu jener Uni-

---

[1] v. Below a. a. O. S. 74 erklärt dieses Versprechen mit dem grofsen Wert, den die Stände auf Anerkennung der vollkommenen Freiheit ihrer Bewilligung gelegt hätten. Allein, wenn die Freiheit so verstanden wurde, dafs die Stände das Steuerpostulat völlig unerledigt lassen oder nach völliger Willkür erledigen durften, dann konnte es ihnen gleichgültig sein, wann und ob ihnen ein neuerliches Postulat vorgelegt werde? Der Widerspruch der beiden Erklärungen in den Steuerreversen, dafs die Steuer von den Ständen aus freiem Willen unbeschadet ihrer Privilegien gewährt werde und dafs der Landesherr überhaupt oder binnen bestimmter Frist mit neuen Postulaten nicht hervorkommen dürfe, löst sich nur dann, wenn man die Freiheit als Verbot einseitiger Steuerauflage auffafst, andererseits davon ausgeht, dafs von einer entgegengesetzten Bestimmung des letzten Reverses abgesehen, das Land in die Prüfung der Postulate eingehen mufs. Vgl. übrigens v. Below selbst a. a. O. II S. 6, 9, 73 81; Gierke a. a. O. I 572. Vgl. auch Rachfahl a. a. O. S. 110.

[2] Über die Rechtsgründe vgl. Kries a. a. O. S. 34; Rachfahl a. a. O. S. 290; v. Below III 1 S. 71.

versalität ihrer Wirkung nicht kommen, welche den modernen Steuergesetzen und Steuerbewilligungen eigentümlich ist. Die Landschaft, sie sei Korporation oder nicht, besitzt nicht die Bewilligungskompetenz mit solcher **Ausschliefslichkeit und Kraft** wie die modernen Parlamente[1].

Der Mangel der Ausschliefslichkeit äufsert sich auch in der Richtung, dafs der König oder Landesherr in den Ständestaat schon rechtliche Ansprüche auf Leistungen der Beherrschten mitbringt, welche demnach nicht Gaben, sondern wahre Abgaben sind und einer ständischen Bewilligung nicht unterliegen[2]. Man sollte nun erwarten, dafs es wegen der epochalen Bedeutung des Gegensatzes zwischen diesen **alten Abgaben** und der **neuen Beisteuer** für die Entstehung der Ständeverfassung irgendwo und irgendwann zu einer Katalogisierung der alten Abgaben kommen müsse. Diese Erwartung wird aber durch die Geschichte des ständischen Steuerwesens nicht befriedigt; sie steht auch mit dem ganzen Geiste des Ständestaates, welcher jeder Rechtsklärung feindlich ist[3], im Widerspruch. Krone wie Stände ziehen die Rechtsunsicherheit mit ihrem grofsen Spielraum für die volle Bethätigung der jeweiligen Macht der Aufstellung dauernder und fester Rechtsschranken vor. Denn diese Rechtsunsicherheit ermöglicht auf der einen Seite die Emancipation von ständischer Bewilligung, auf der andern die Einbeziehung jeglicher Art von Leistung an den Herrscher in die Bewilligung. Am allerstärksten macht sich diese Unsicherheit auf dem Gebiete jener Leistungen geltend, welche vom steuertechnischen Standpunkt mit den modernen indirekten Steuern, zum Teil auch mit den Gebühren vergleichbar sind, und unter dem Namen von Zöllen, Mauthen, Accise, Biergeld, Ungeld u. s. w. entrichtet

---

[1] Vgl. oben S. 58 A. 2; Elvert, Zur österr. Finanzgesch. S. 221, 256, 301; Viroszil II S. 160; D. A. 8: 1741; 5 § 1 1792 ne onus publicum fundo quoquo modo inhaereat; v. Below I S. 39, 42 f. II S. 7, 58, III 1 S. 13, 16, 22, III 2 S. 10, 12, 200; Rachfahl a. a. O. S. 309 f.; Kries a. a. O. S. 61 A. 10 im Gegensatz zu S. 35 f.

[2] Viroszil II S. 181 f. A. 1, S. 209 A. h, S. 212 ff.; Elvert, Zur österr. Finanzgeschichte S. 132; v. Below I S. 25, 59, 63 II S. 58 ff., III 1 S. 1, 5; Kaizl, Finanzgeschichte I. T. aus dem Böhmischen übersetzt von Körner S. 169. Diesen alten Abgaben, welche zur Zeit des Überganges der mittelalterlichen Gemeinwesen von der Natural- zur Geldwirtschaft (Kries a. a. O. S. 12 A. 14) schon bestehen, und welche als Steuern älterer Ordnung den neuen Steuern des Ständestaates oder den ständischen Steuern entgegenzustellen sind, hat die Geschichtsforschung noch nicht die genügende Aufmerksamkeit zugewendet. Von dem hier berührten Gegensatz geht P. 18 des schlesischen Landesprivilegs des Königs Wladislaw aus; Kries a. a. O. S. 105.

[3] Das schlesische Landesprivileg a. a. O. bestimmt die alten Abgaben nicht näher als durch den Satz: aufgezogen von denen, darwieder sie sich billich rechtshalben nicht zu setzen hätten." Vgl. hierzu auch v. Below, Territorium S. 242, 255.

werden. So entscheiden auch hier nicht abstrakte Rechtsnormen, sondern Machtverhältnisse[1].

Die historische Bedeutung des Steuerbewilligungsrechts äufsert sich einmal darin, dafs mittels desselben die Stände ihren Einflufs auf die Erledigung aller Angelegenheiten erstrecken, welche sie interessieren[2], dann aber darin, dafs die Art seiner Ausübung durch die Stände die Entwicklung eines abstrakt geregelten Steuerrechts und einer geordneten Steuerverwaltung im ganzen Umfange der Ausübung bis zur Vernichtung des Bewilligungsrechts, also bis zur Epoche des Absolutismus aufhält[3].

War nun die ständische Steuer keine Steuer, der Bewilligungsakt weder nach der Art seiner Entstehung, noch nach seiner Wirkung ein Steuergesetz im modernen Sinn, so erscheint es anachronistisch, von einem Steuergesetzgebungsrecht der Stände zu sprechen[4]. Nicht minder schief ist es aber, selbst vom Standpunkte der den Ständestaat beherrschenden Vorstellungen, vom Zeitpunkte der Beseitigung der Selbstversammlung der Stände, das Verhältnis so zu konstruieren, als ob die Stände eine Steuergesetzgebung allein und ohne jegliche Teilnahme des Königs oder Landesherrn geübt hätten[5]. Denn es bedarf vor allem für die Wirksamkeit einer Steuerauflage der Proposition, der Initiative, des Postulates der Krone. Von sich aus dürfen im ständisch-monarchischen Staate die Stände dem Lande keine Steuern auflegen[6]. Die Steuer ist

---

[1] Kries a. a. O. S. 73 ff.; Rachfahl a. a. O. S. 273.
[2] Vgl. z. B. Kries a. a. O. S. 34 A. 3.
[3] Die hier wiederholt angeführten Darstellungen von Kries, Elvert, Rachfahl bieten ein anschauliches Bild der auf diesem Gebiete herrschenden heillosen und jammervollen Zustände. In den habsburgischen Ländern währen sie bis zum Ausgang des 18. Jahrhunderts. Was Rachfahl a. a. O. S. 291 f. für die Zeit bis zum 30jährigen Kriege anführt, dafs Subjekt, Objekt der Steuer, Hebungsformen und die sonstige Verwaltung des Steuerwesens immer nur von Fall zu Fall durch Landtagsschlufs bestimmt wird, gilt hier bis zur Vernichtung des Bewilligungsrechts überhaupt. Vgl. z. B. Rieggers Materialien zur Statistik von Böhmen, 10. u. 11. Heft (Miszellen) mit den dort angeführten Landtagsschlüssen, welche uns zeigen, dafs die Reverse und die Steuerbewilligungen nach dem 30jährigen Kriege in der alten Form fortdauern; ferner Elvert, 16. Bd. der Schriften der mährisch-schles. Gesellschaft S. 829 f. Noch 1659 sollen die kgl. Kommissare auf dem mährischen Landtag den hohen Ständen „beweglichst" vortragen, dafs ohne Selbstbelastung derselben die armen unvermögenden Unterthanen die Landeskontribution nicht zu schaffen vermögen; Elvert, Zur österr. Finanzgeschichte S. 313. Die Hervorhebung der nachteiligen Wirkung des ständischen Steuerbewilligungsrechts auf die Entwicklung eines wahrhaften Steuerrechts vermisse ich bei v. Below.
[4] Rachfahl a. a. O. S. 291.
[5] A. a. O. S. 151, 292.
[6] Darum rügt Ferdinand I. die in seiner Abwesenheit von den böhmischen Ständen erfolgte Steuerausschreibung als einen Übergriff; Buchholtz, Geschichte Ferdinand I. Bd. 6 S. 394, und schon im 14. Jahr-

ja eine Beisteuer, welche dem Könige, nicht aber den Ständen gereicht wird. Hätten doch die Stände mittels einer einseitigen, selbständigen Auflagebefugnis dazu gelangen können, Leistungen als Steuern für ihre Zwecke auszuschreiben, welche dem König oder Landesherrn kraft seiner Regalien gebühren[1], und konnten doch durch ein solches verfassungsrechtlich jeder Kontrolle entzogenes einseitiges Auflagerecht der Stände alle Steuerquellen für ständische Zwecke erschöpft und der König oder Landesherr sowohl finanziell als auch politisch in die gröfste Gefahr gebracht werden! Dem war nun nicht so. Vielmehr wirkte der König oder Landesherr sowohl durch die Proposition als auch durch den zur Wahrung seiner Rechte berufenen Vorsitzenden der Landschaft[2], endlich aber durch seine Befugnis zur Ablehnung des Landtagsschlusses in bestimmender Weise auf den Inhalt des Steuerauflageaktes. **Die monarchischen Akte der Initiative, wie der Annahme[3] des ständischen Auflagebeschlusses sind unerläfsliche staatsrechtliche also konstitutive Voraussetzungen seiner Wirksamkeit.** Die Annahme des Beschlusses der Stände durch den Monarchen erhält ihren formellen Ausdruck bald durch den üblichen Steuerrevers[4], bald auch in der für

---

hundert bildet in Tirol eine solche einseitige Ausschreibung eine Anomalie; Jäger II 1 S. 23 f. Vgl. hierzu auch Unger a. a. O. S. 402; Kries a. a. O. S. 43 A. 10, S. 54 A. 6, S. 57 A. zum Schlufs, 70 Abs. 2; Rachfahl S. 115, A. 5 der S. 114.

[1] Mit der Rücksicht auf diese Regalien erklärt sich die Reservatsanktion des D.A. 1: 1802, worin die von den Ständen dargebotene Rekrutenbewilligung mit dem Vorbehalt angenommen wird, ne per hanc acceptationem praehabitis Regiis in ratione defensionis Juribus quidpiam derogetur.

[2] Kries a. a. O. S. 1, 27 A. 2; Rachfahl S. 156 ff., 159 ff.

[3] Über diese Annahme vgl. Kries a. a. O. S. 28 Abs. 2. In einer Erklärung des Herzogs von Jülich-Berg an den Landtag von 1539 wird anknüpfend an eine erfolgte Ungeldbewilligung als ein allgemeiner Rechtsgrundsatz behauptet: „Nun solt es billich also sein, wie es durch die ganze christenheit... gehalten wirt, was der her schleust mit der ritterschaft und steden, das das gehalden werde." v. Below II S. 73 A. 278. Dadurch, dafs Rachfahl a. a. O. S. 151 den staatsrechtlichen Akt des Postulates ganz übersicht und die Annahme der ständischen Bewilligung als einen staatsrechtlich indifferenten Akt erklärt, ist er zu einer juristisch vollkommen verfehlten Charakteristik der Bewilligung gelangt. Und doch besteht das von ihm S. 152, 273 konstatierte Bedürfnis nach königlicher Genehmigung ständischer Beschlüsse vom Standpunkte ihrer Vereinbarkeit mit den Regalien, auch für jene über neue Steuern, wegen der im Texte hervorgehobenen Möglichkeit der Erstreckung der Bewilligung auf Einnahmen des Königs ex jure regio.

[4] Elvert, Zur österr. Finanzgeschichte S. 156, 158 f., 165; v. Below III 1 S. 73 f.; Rachfahl a. a. O. S. 290.

sonstige Landtagsschlüsse üblichen Form der Verabschiedung des Bewilligungsschlusses[1].

In der Annahme des Bewilligungsschlusses liegt auch die Genehmigung der mit demselben verknüpften, von Fall zu Fall wechselnden Vorschriften über die Modalitäten der Steuer selbst, über die Formen ihrer Bemessung, Hebung, zwangsweisen Einhebung und Abfuhr[2]. Eine solche Genehmigung erscheint von dem Zeitpunkte der staatsrechtlichen Centralisierung der Exekutionsgewalt und der Kontrolle über die feudalen Obrigkeiten in der Hand des Königs oder des Landesherrn durch diese allein rechtlich geboten. Gilt doch vom 15. Jahrhundert ab der König wie der Landesfürst als

---

[1] Ein Beispiel bei v. Below III 2 S. 285: „Zu urkunt seint dieses abscheids drei gleiches inhaltz under irer fürstlichen Gnaden secretsiegel ufgericht und verfertigt." Quam Statuum et Ordinum humillimam oblationem Regia Majestas clementer acceptare dignabatur, heifst es im D. A. 1: 1802 mit Beziehung auf die mit der Steuerbewilligung zu vergleichende Rekrutenbewilligung. Ebenso schliefst der schlesische Fürstentagsabschied von 1527 mit den Worten: „wie denn dasselbige von K. Mjt. darauf verblieben und zugesagt ist"; Kries a. a. O. S. 92 f. Vgl. Rachfahl selbst S. 175 A. 1.

[2] Rachfahl läfst infolge der Verkennung des Wesens der Annahme über alle diese Punkte die Stände allein entscheiden; a. a. O. S. 291 f. Dem widerspricht der ganze Gang der Steuerverhandlungen, während welcher der Herrscher bestimmend nach allen angegebenen Richtungen wirkt (Rachfahl S. 115, 296 f., 301 A. 1, S. 305 ff.; Elvert a. a. O S. 173), ferner die Thatsache, dafs ohne Einigung zwischen ihm und den Ständen deren Beschlüsse jeglicher Kraft entbehrten. Vgl. Kries a. a. O. S. 34 A. 3, S. 66 A. 8. Die von Leopold I. genehmigte niederösterreichische Exekutionsordnung für Landesanlagen teilt im Eingang mit, dafs die ihr vorangegangene vom Jahre 1599, durch Rudolf II. ratifiziert und publiziert worden sei; Codex Austriacus I S. 309. Landesanlagen bedeutet hier ständisch bewilligte Steuern, nicht Steuern für die Landschaft wie bei Rachfahl a. a. O. S. X u. 294. Vgl. auch Hofdekret v. 19. Januar 1784 Justizgesetzsammlung Nr. 228. Der Fürstentagsschlufs von 1579 (Kries a. a. O. S. 97) bildet keinerlei Beweis für ein den Ständen unabhängig von dem Willen des Königs gebührendes Steuerexekutionsrecht. Der Fürstentag bezeichnet es nur als Herkommen, dafs die Steuerexekution von den Ständen vollzogen werde und lehnt jede Verantwortung für die rechtzeitige Ablieferung der Hilfe ab, wenn diese Exekution durch königliche Akte sistiert werde. Daraufhin erfolgt die autoritative Erklärung des Königs, dafs es so bleiben solle, wie bisher. Erwägt man, dafs gegen die säumigen Stände selbst oder im Falle der Unzulänglichkeit ihrer Autorität gegen die Unterthanen derselben der Oberhauptmann die Exekution zu üben hat (Rachfahl a. a. O. S. 178, 385 A. 3, 403), dafs dieser nicht nur Landschaftsorgan, sondern auch Vertreter des Königs ist, dafs es im Jahre 1580 zur Übertragung der Steuerexekution an das ständische Generalsteueramt königlicher Mitwirkung bedarf (Kries a. a. O. S. 66 A. 3), dafs endlich im 16. Jahrhundert innerhalb der habsburgischen Monarchie die Exekutionsgewalt in den Händen des Monarchen centralisiert war, so erscheint es nicht zulässig, für jene Zeit das Exekutionsrecht der Stände als ein auf sich selbst ruhendes, von der königlichen Autorität ganz abgelöstes, ihr unkontrollierbar gegenüberstehendes, souveränes Recht zu erklären.

Urquell aller Gewalt[1]. Um so mehr bedarf es der Genehmigung des Landtagsschlusses durch den Herrscher, wenn, wie dies zuweilen und frühzeitig geschieht, Steuerverwaltungs- und Exekutionsakte Behörden überwiesen werden, die zu seiner ausschliefslichen Verfügung stehen, oder wenn die Exekution sich in Formen vollziehen soll, welche dem Rechtswege angehören, deren Kontrolle deshalb dem Herrscher als höchstem Richter zukommt[2]. Wie endlich die Stände selbst die königliche oder landesherrliche Autorität, unter welcher ihre steuerrechtlichen Beschlüsse gefafst werden, als Wurzel ihrer Kraft betrachten, und wie sie die Intervention der Krone anrufen, um diese Kraft zu bewähren, ist bereits gezeigt worden[3].

Aus all den angeführten Gründen kann deshalb ein Landtagsschlufs, welcher einen Teil der dem Lande aufzuerlegenden Steuern für ständische Zwecke reserviert, seine rechtliche Kraft nur daraus ziehen, dafs er von einem Landtage ausgeht, welcher mit königlicher oder landesherrlicher Genehmigung durch das den König oder Landesherrn repräsentierende Organ der Landschaft eröffnet, geleitet und geschlossen worden ist, dafs er also unter Autorität der Krone gefafst wurde[4].

---

[1] Rachfahl a. a. O. S. 403, 76 f., 163, 165, 171, 351.
[2] A. a. O. S. 165, 175; Elvert, Zur österr. Finanzgeschichte S. 77, 79 f.
[3] Vgl. oben S. 60 A. 1 und Kries a. a. O. S. 41. Hierzu bemerkt Rachfahl a. a. O. S. 292, dafs aus solcher Anrufung der königlichen Autorität nicht auf einen Anteil des Königs an Steuer-Gesetzgebung, -Verwaltung und -Rechtsprechung geschlossen werden dürfe, dafs vielmehr die Krone nur deshalb angerufen wurde, weil sie als die höchste Quelle alles Rechts schlechthin jenseits der Verfassung galt. Das ist ein juristischer Widerspruch. War der König Urquell alles Rechts, so flofs auch das Ständerecht aus demselben. Dann kann dasselbe ohne den König nicht gedacht werden, und es entspricht seiner Entstehungsart und seinem rechtlichen Wesen, dafs es der König zum Fliefsen bringt, wenn sein Lauf irgendwo stockt. Der König steht aufserhalb der ständischen Verfassung, wenn man dieselbe mit den Rechten der Stände identifiziert. Allein, sobald diese Rechte bestritten oder verletzt werden, gelten sie nicht als durch Autogenesis entstanden, sondern als Rechtsschöpfungen des Königs, der sie, als ihr Urheber, gegen jeden Angriff zu schützen hat. Die Rechtsschutzpflicht des Königs bildet also eine Pertinenz auch des Ständerechts, gehört zu ihm, und auch insofern scheint es geboten, die übliche Charakteristik der Ständeverfassung als einer dualistischen einzuschränken. Vgl. Rachfahl selbst a. a. O. S. 403.
[4] Zuweilen ist es der Landesfürst selbst, der die Stände für eine Steuer durch die Aussicht zu gewinnen sucht, dafs sie eine über das Postulat hinausgehende Summe beschliefsen und den Überschufs für ihre Zwecke verwenden könnten; Kries a. a. O. S. 68 A. 8, S. 70 Abs. 2; Unger S. 402. Das Landesvermögen bildet sich indes nicht aus diesen reservierten Beträgen, sondern aus den Unterschleifen und Erpressungen der Landschaft; Kries a. a. O. S. 46 A. 9, S. 56, 58, 68; Elvert a. a. O. S. 181. Aber Vorbehalte wie Unterschlagungen sind Accessorien der Bewilligungen zu Gunsten des Königs, nicht aber Akte, die von jedem Zusammenhang mit denselben gelöst sind. Rachfahl a. a. O. S. 151

VIII.

Historiker wie Rechtshistoriker sind geneigt, in der Landschaft eine Form der **Volksvertretung** zu erblicken [1]. Diese Charakteristik ist aber geeignet, die gröfsten Verwirrungen zu stiften, wenn sie nicht auf das richtige Mafs zurückgeführt wird. Sicher ist der Landesherr als Herr beschränkt durch die Mitwirkung der Stände [2], wie der konstitutionelle Monarch durch jene der Volksvertretung. Es ist aber gezeigt worden, in welch **technisch roher Form** sich die ständische Mitwirkung äufserte, wie **unsicher** sie nach ihrem Umfange und in ihrem Bestande war, und wie wenig sie nach beiden Richtungen mit der Mitwirkung einer modernen Volksvertretung zur Erledigung staatlicher Angelegenheiten verglichen werden darf. Auch ist es richtig, dafs die Stände wiederholt in ihren Petitionen auf den gemeinen Nutzen des Landes verweisen [3], der die Erfüllung desselben heische, somit wenigstens formell für Gemeininteressen eintreten wie die modernen Parlamente.

Allein das blofse **Eintreten für Gemeininteressen** ist ebensowenig geeignet, uns das Wesen der **Volks**vertretung zu erschliefsen als die Einreihung der Landschaft unter die Formen der Volksvertretung zu rechtfertigen. Denn auch der ständische Monarch tritt für den gemeinen Nutzen des Landes ein, ganz wie der konstitutionelle Monarch die Interessen des Staates durch seine Regierung zu wahren hat und wahrt [4].

Ihrer rechtlichen Struktur nach ist die Volksvertretung eine Vertretung des **Volkes** in der Ausübung **seines Anteils** an der staatlichen **Herrschaft**. Daraus folgt, wenn man sich zur Bezeichnung dieses Anteils, der unter Umständen

---

teilt mit, dafs die von den schlesischen Ständen anläfslich einer Steuerbewilligung für sich vorbehaltenen Beträge dem König gar nicht mitgeteilt wurden. Belege für diese Behauptung werden nicht geboten. Ist sie aber richtig, dann haben wir es mit einer Pflichtverletzung des zur Wahrung der kgl. Interessen verpflichteten Oberhauptmanns zu thun (Rachfahl S. 156, 159) nicht aber mit einer zu Recht bestehenden Einrichtung.

[1] Unger a. a. O. S. 429; v. Below II S. 13 f., Territorium S. 243 ff.

[2] Das allein genügt für Balogh a. a. O. Nr. 242: 1899, die ungarische Ständeverfassung für eine konstitutionelle zu erklären.

[3] Kries a. a. O. S. 25 A. 13, S. 30 f.; Unger a. a. O. S. 437 f., v. Below II S. 12 f., 33 f. Ungenau Jellinek a. a. O. S. 636.

[4] Vgl. unten S. 72 f., dann die von Below II S. 34 A. 126 angeführten, m. E. von ihm nicht richtig gewürdigten Quellenstellen. Wenn die Stände nicht selten die für **sich** in Anspruch genommenen Rechte dem Landesfürsten als Rechte des Landes entgegenstellen, so nimmt der Landesfürst die Revision dieser Ansprüche als **Landesfürst** vor, der berufen sei, Recht und Billigkeit dem ganzen Lande, also **allen** seinen Unterthanen, **ohne Unterschied des Standes** zu gewähren; Tezner, Landesfürstliche Verwaltungsrechtspflege S. 14, 81, 85. Ferner beruft sich auch der Landesfürst bei Steuerpostulaten auf die Interessen des Landes, welche die Bewilligung rechtfertigen.

nicht Teil, sondern das Ganze ist, des Ausdruckes Recht bedient, dafs der Träger des Rechtes das Volk ist, und dafs die moderne Volksvertretung kein eigenes, sondern das Recht des primär zur Selbstausübung berufenen Volkes an dessen Stelle ausübt. Für Montesquieu bedeutet die repräsentative Versammlung nur ein Auskunftsmittel wegen der technischen Unmöglichkeit einer Vollversammlung des souveränen Volkes. Weil so das Volk Träger des von der Volksvertretung geübten Rechtes ist, deshalb soll einerseits die Ausübung des Rechtes grundsätzlich durch einen hierzu geeigneten Willensakt auf die Volksvertretung übertragen werden und der Kreis der zur Übertragung berufenen Volksglieder soll, um die Idee der Volksvertretung zur Wahrheit zu machen, soweit gezogen werden, als es politisch möglich ist[1].

Im ständisch-monarchischen Staate sind zur Mitbestimmung der staatlichen Angelegenheiten nur die Stände berechtigt. Wer des Status entbehrt — und das ist die grofse Masse des Volkes — ist politisch rechtlos. Schon aus diesem Grunde allein kann die Landschaft nicht als Vertretung des Volkes in der Ausübung seiner Selbstbestimmung, seines Herrschafts- oder Mitherrschaftsrechtes sein. Sie tritt zwar hier und da für das Interesse des politisch rechtlosen Teils des Volkes ein, nicht aber an Stelle des zur Wahrung seiner Interessen primär berechtigten Volkes, sondern deshalb, weil dem der Landstandschaft entbehrenden Teil des Volkes ein Recht zur Wahrung seiner Interessen, zur Äufserung über dieselben und zur Mitbestimmung derselben in autoritativer Weise gänzlich abgeht. Die Stände müssen die Fürsprache für den gemeinen Mann übernehmen nicht deshalb, weil eine mitberatende Versammlung aller Volksglieder ein Ding der Unmöglichkeit ist, sondern weil der gemeine Mann überhaupt kein Recht hat, in die Erledigung der Landesangelegenheiten hineinzureden[2]. Ist die Montesquieusche repräsentative Ver-

---

[1] Es sei verwiesen auf die bekannten Stellen aus De l'esprit des Lois, liv. 11 chap. 6: Comme dans un Etat libre tout homme qui est censé avoir une âme libre doit être gouverné par lui même, in faudrait que le peuple en corps eût la puissance législative; mais comme cela est impossible dans les grands États, et est sujet à beaucoup d'inconvénients dans les petits, il faut que le peuple fasse par ses representants tout ce qu'il ne peut faire par lui même . . . . Tous les citoyens, dans les divers districts, doivent avoir droit de donner leur vois pour choisir le représentant, excepté ceux etc.

[2] Höchst anschaulich macht dies die Antwort des Herzogs von Jülich-Berg auf die Bemerkung des Landtags von 1539, dafs die Unterthänigen ein vom Landtag bewilligtes Ungeld nicht zahlen wollen: Es sei ein in der ganzen Christenheit anerkannter Grundsatz, dafs das von Rittern und Städten mit dem Herrn Geschlossene zu halten sei. „Darumb darf man den Haussman nit fragen, dan der kan sein eigen wolfart nit bedenken und man mufs ihm zum guten zwingen"; v. Below II S. 73

sammlung eine Vertretung des **souveränen** Volkes in der Ausübung **seiner Herrschaftsrechte**, so patronisiert die Landschaft den von allen Herrschaftsrechten **ausgeschlossenen, entblöfsten** Teil des Volkes eben deshalb, weil er kein Recht hat, sich zur Wahrung seiner Interessen gegenüber dem Landesfürsten zu organisieren, weil er politisch rechtlos ist.

An dieser Erkenntnis wird durch die Thatsache nichts geändert, dafs der Landesfürst sich zuweilen auf die Mitwirkung der **Ritter, Städte und des gemeinen Landes** beruft, dafs er Privilegien des Landes beschwört und dafs er das Recht eines jeden, Edel oder Unedel, Reich oder Arm, zu wahren verspricht[1].

Denn das zur Mitwirkung berufene Land oder das Land im Sinne einer zur Erledigung von Landesangelegenheiten mitberufenen Gesamtheit sind nur die landtagsfähigen Stände, und soferne man unter den beschworenen Landesprivilegien das Recht zur Mitwirkung an der Erledigung der Staatsangelegenheiten versteht, sind die Landesprivilegien wieder nur Privilegien der landtagsfähigen Stände.

A. 273. Vgl. übrigens, was das Verhältnis des Landesherrn zu den Ständen betrifft a. a. O. II S. 50 A. 175, S. 52 A. 188. Das der Montesquieuschen Repräsentation zu Grunde liegende Recht des Volks, durch seine Repräsentation die Herrschaft des Staates in der Form der Gesetzgebung zu üben, und das Recht der Stände, über das Volk zusammen mit dem Landesherrn in welcher Form immer zu herrschen, sind so grundverschieden, dafs es kaum möglich ist, die Landschaft und das Parlament unter einem anderen höheren Begriff zusammenzufassen als unter dem einer die monarchische Gewalt beschränkenden Versammlung. Nach Unger a. a. O. S. 436 ruht die Vertretung des Landes durch die Landstände auf der Vogteipflicht der einzelnen Landstands gegenüber seinen Untersassen. Mit Recht bemerkt v. Below a. a. O. II S. 13 dagegen, dafs nicht alle der Landstandschaft Entbehrenden Untersassen eines Landstandes waren. Auch petitionierte nicht jeder Stand nur für seine Hintersassen, sondern alle für die Wahrung der Interessen der Unterthanen. Identifiziert man, wie dies Unger thut, Repräsentation des Volks mit dem Schutz der politisch rechtlosen Volksklassen, so findet im ständischen Staate die Volksrepräsentation ihre volle staatsrechtliche Verkörperung im König oder im Landesherrn, welcher für sich die Rechtsstellung eines **höchsten** Schutzherrn der Schwachen gegenüber dem Mächtigen in Anspruch nimmt und gegen die Ausschreitungen der Stände zur Geltung bringt; Tezner, Verwaltungsrechtspflege S. 14, 41, 69 32 ff.; Kries a. a. O. S. 55; Viroszil I S. 127, 286 A. m, II S. 159 A. e, S. 256 A. a, S. 270 f. A. o, S. 276 A. h, S. 277 A. i. In der That bezeichnen die absolutistischen österreichischen Centralisten als den Repräsentanten des Volks gegenüber dem dasselbe bedrückenden ungarischen Adel den König; Hock-Bidermann, Der österr. Staatsrat S. 206. Eine anonyme Staatsschrift unter Karl VI. verlangt Bestellung der **landesfürstlichen** Fiskale zu tribuni plebis auf den Landtagen, um die einer Vertretung entbehrenden Interessen des gemeinen Mannes auf denselben zu wahren; Bidermann, Gesamtstaatsidee II S. 38, 192. Realisiert wird dieser Vorschlag unter Maria Theresia mittels der auf gerichtliche Vertretung beschränkten Unterthansadvokaten.

[1] Unger a. a. O. S. 433.

Die repräsentative Staatsidee beruht auf der Vorstellung der Stellvertretung einer mehr oder minder umfassenden, immer aber **über den Kreis der Repräsentanten hinausgehenden** Gesamtheit von Staatsangehörigen, denen die rechtliche Fähigkeit und das Recht zur Mitwirkung an der staatlichen Thätigkeit zukommt, durch einzelne aus **ihrer Mitte in der Ausübung eben dieses Rechtes**, wie denn juristisch jede Stellvertretung die Fähigkeit des zu Vertretenden für **jenes Recht** und den Besitz des zu Vertretenden hinsichtlich **desjenigen Rechtes** voraussetzt, in dessen Ausübung er durch einen andern vertreten werden soll[1]. Im ständischen Staate kommt aber die Landtagsfähigkeit, also das Recht zur Mitwirkung am Staate nur den Ständen zu, sodafs aus diesem Grunde von einer Vertretung eines über die Stände hinausreichenden Kreises der zu aktiver politischer Thätigkeit Berufenen und rechtlich Fähigen in der Ausübung des Rechts zur politischen Thätigkeit durch einen aus ihrer Mitte hervorgehenden Bruchteil nicht gesprochen werden kann.

Das landesfürstliche Gelöbnis, jedermanns Recht zu wahren, enthält aber keinesfalls die Anerkennung einer allgemeinen primären Berechtigung der Landeseinwohner zur Mitbestimmung der Landesangelegenheiten, sondern nicht mehr als die Anerkennung der allgemeinen Rechtsschutz- und Rechtsbewahrungspflicht des Fürsten.

Sowie nun diese Pflicht schlechthin aus dem tragenden Amte des Landesfürsten hervorgeht[2], sowie ferner der Landesfürst, wenn er für die Interessen des **Landes**, für das Aufnehmen von **Land und Leuten**[3], für den armen Unterthan den Ständen entgegentritt, keinesfalls den Unterthan in der Ausübung seines Rechtes auf Bestimmung und Wahrung seiner Interessen repräsentiert, sondern kraft amtlicher, selbständiger, von jedem Stellvertretungsverhältnis abgelöster Befugnis handelt, so nehmen auch die Stände, wenn sie sich des Unterthans gegenüber den Ausschreitungen des Landesfürsten annehmen, eine verfassungsmäfsige selbständige, unmittelbare Befugnis in Anspruch, und sind weit davon entfernt, als

---

[1] Wenn v. Below, Territorium S. 246, der Definition Robert v. Mohls folgend, die Stände als Repräsentation erklärt, weil, im Wege der Landesversammlungen, der einem Teile oder der Gesamtheit der Unterthanen zustehende Einflufs auf Staatsgeschäfte durch eine **kleinere Zahl aus der Mitte der Beteiligten** und in ihrem Namen verpflichtend für sie besorgt wurde, so übersieht er, dafs im Ständestaate das Recht, die Staatsangelegenheiten zu bestimmen, keinem anderen Volksteil als den Ständen zukam, dafs also der Kreis der mit solchem verfassungsrechtlichen Einflufs Ausgestatteten über die Sände nicht hinausging.

[2] Tezner, Landesfürstliche Verwaltungsrechtspflege S. 5, 12, A. 17 b, S. 14, 81, 85.

[3] A. a. O. S. 174 A. 21.

Subjekt dieser Befugnis jemanden anderen anzuerkennen, aufser sich selbst und sich selbst nur als Vertreter in der Ausübung von Befugnissen Dritter zu betrachten.

Kurz, Landesfürst und Stände konkurrieren in der selbständigen Bestimmung der Landesinteressen nicht kraft eines Repräsentationsverhältnisses im Sinne der modernen Repräsentatividee, sondern kraft eines Überordnungsverhältnisses gegenüber dem landtagsunfähigen Teil des Volkes. Wenn man von Repräsentation im Geiste des ständisch-monarchischen Staatsrechts sprechen will, so kann man Fürst und Stände in keinem andern Sinn als Repräsentanten des Landes erklären, als in welchem von der absolutistischen Staatslehre der absolute Monarch als Repräsentant von Staat und Volk bezeichnet wurde.

Weil nun der des Status entbehrende Teil des Volks von jedem Herrschaftsrechte ausgeschlossen ist, deshalb ruht auch das Recht der Landstände auf keinem Übertragungsakt des Volks und ist von demselben nicht abgeleitet[1].

Diese Konstruktion des Verhältnisses der Landschaft zum Volk[2] entspricht auch vollständig ihrer Entstehungsgeschichte. Politisch betrachtet, sind unter günstigen Umständen die Landstände alleinige Konstituenten ihrer Rechte. Manche derselben, wie z. B. die feudalen, bringen sie aus der vorständischen Epoche in die ständische mit[3]. Rechtlich kann als Konstituent der ständischen Rechte neben den Ständen nur der König, der Landesherr betrachtet werden, der mittels Privilegs bald ständische Rechte neu schafft, bald von dem römischen Reiche abgeleitete oder originär entstandene anerkennt[4].

---

[1] Ich vermag denn in der That in der gründlichen wie bedächtigen Darstellung v. Belows nirgend einen Anhaltspunkt für dessen Behauptung a. a. O II S. 13 A. 51 zu finden, dafs die Stände von Jülich-Berg ihre Rechte vom Lande empfangen hätten. Selbst wenn man mit v. Below annimmt, die Stände hätten nicht blofse Interessen des Landes vertreten, sondern seien Vertreter des Landes als eines politischen, sie umfassenden Gemeinwesens, als eines Rechtssubjektes in der Ausübung eines originären, dem Lande primär zukommenden staatlichen Rechts gewesen, so folgt daraus noch nichts für die Ableitung dieser Vertretung von einem Willensakt des Landes. Der deutsche Gerhabe, der agnatische Regent vertritt das Mündel, den regierungsunfähigen Monarchen in der Ausübung seines Rechts kraft eigenen Rechtes und nicht kraft eines Übertragungsakts des Vertretenen. Vgl. nunmehr auch v. Below, Territorium und Stadt S. 247.

[2] v. Below, Territorium S. 244, 246.

[3] Die mittelalterliche Feudalisierung der staatlichen Funktionen erhält sich bis zum Ausgang der absolutistischen Epoche, freilich mit der wichtigen Einschränkung, dafs das patrimonial-feudale Amt sich in die Obrigkeit unterster Instanz verwandelt hat.

[4] Unger a. a. O. S. 107 A. 2 S. 240; v. Below, Territorium S. 11. Sofern die Stände einen Rechtsgrund für die Entstehung ihrer Rechte oder eine rechtliche Bekräftigung derselben vorzubringen genötigt sind, so verweisen sie auf Akte des Herrschers, an welche sie Anlehnung suchen, nicht auf Akte der Unterthanen, Rachfahl a. a. O. S. 403.

Aus der politischen Rechtlosigkeit, aus der Landtagsunfähigkeit der großen von der Standschaft ausgeschlossenen Masse des Volks und aus der politischen Alleinberechtigung der Stände folgt dann von selbst, daß die Landschaft keine Vertretung einer über sie hinausreichenden Gesamtheit von landtagsfähigen Aktivbürgern bildet, sondern diese Gesamtheit selbst ist. Der ständische Monarch ist nicht etwa wie der konstitutionelle Monarch beschränkt durch eine mittelbare Demokratie, sondern durch eine unmittelbare Oligarchie[1].

Zusammenfassend läßt sich sagen: Landstand sein, heißt ein eigenes, und jedenfalls nicht vom Lande abgeleitetes Recht haben zur Mitherrschaft über das Land oder über die Landesinsassen[2]. Im Landtagsschluß verfügt der Landstand einmal über sich und die Seinen, legem dicit rei suae, außerdem aber auch über alle, die des Status entbehren[3]. Die Landschaft ist ein Verband von Mitherren des Landes[4]. Das drückt sich, weil die Krone Symbol der staatlichen Herrschaft ist, darin aus, daß die Stände, und nur diese, neben dem Herrscher als Glieder der Krone, als Mitkrone bezeichnet werden[5]. Auch noch eines andern Mittels bedient sich die konstruktive Thätigkeit der ständischen Epoche, um die Ausschließlichkeit des Rechts der Stände zur Mitbestimmung der Landesangelegenheiten und die ihr entsprechende rechtliche Passivität oder politische Rechtlosigkeit der Masse zu veranschaulichen. Sie setzt diese Masse bei der Gegenüberstellung des Landes und des Herrschers, dessen Beschränkung durch die Mitwirkung des Landes zur Sprache kommt, staatsrechtlich gleich Null, sodaß dann das Land mit der Landschaft zusammenfällt[6].

In diesem Sinne ist die Behauptung Jellineks a. a. O. S. 638, die Rechte der Stände seien schlechthin vom Staate getrennt gewesen, zu modifizieren.

[1] Kries a. a. O. S. 24 Abs. 2; v. Below I S. 4f. A. 10, II S. 13, 70 ff. Kann unter solchen Umständen der Kennzeichnung der Landschaft als eine Repräsentation des Landes instruktiver Wert beigemessen werden?

[2] v. Below, Territorium S. 244 f.

[3] Unger a. a. O. S. 21, 24 f., 69, 445; Viroszil I S. 265 f., II S. 256 f. A. b, S. 271 A. a, S. 275, 277; Gierke I S. 544; Jäger a. a. O. II 2 S. 515; v. Below I S. 30, 51: „Ein jeder Stand ist König in seinem Land."

[4] Deshalb ist die Bemerkung bei Gierke II S. 855 f., daß der Landesherr mit seinen Herrschaftsrechten nicht über, nicht in dem Lande stand, richtiger dahin zu fassen, daß er mit seinen Rechten den Ständen gegenüber und mit ihnen über dem Lande, im Sinne der politisch rechtlosen Masse des Volkes, stand.

[5] Vgl. auch das Recht des Adels zur Führung einer Krone in Siegel und Wappen.

[6] Unger a. a. O. S. 434 Abs. 2; Csuday, Geschichte der Ungarn S. 293: „Auf dem Reichstage von 1790/94 verstanden die Stände unter Volk nur die Stände" Das gilt aber für die ganze ständische Epoche. Darum drücken die älteren ungarischen Publizisten die Unverletzlich-

Diese Gleichstellung der Stände mit dem Lande, der Rechte oder der Verfassung des Landes mit den Rechten der Stände, sowie die denselben entsprechende Rechtlosigkeit des Volks führt in Verbindung mit der Idee der Gesamtstrafe zu der den Ständestaat beherrschenden Verwirkungstheorie. Ein blutiger Konflikt zwischen dem Herrscher und den Ständen ist ein Krieg mit dem Lande und um das Land oder um die Verfügung über das Land[1]. Diese fällt dem Sieger anheim. Die siegreichen Stände können das Land einem andern Herrn zuwenden[2]. Der siegreiche Herrscher hat mit den Ständen zugleich das Land unterworfen und übt alle Rechte eines Siegers aus. Er vernichtet die Rechte der Stände und mit ihnen die Landesverfassung[3]; er wird durch die Amputation der Glieder der Krone alleiniger Träger derselben.

---

keit der ungarischen Landesverfassung durch den Rechtssatz aus: Neque enim Rex, qua libertatum Regni avitarun defensor quidquam decernere potest, quod immunitatibus et reservatis Statuum et Ordinum privilegiis repugnat; Viroszil III S. 55 A. a. Im D. A. 3 § 1: 1715 heifst es: Nec Status et Ordines Regni eadem Sacra Regia Majestas secus regi aut dirigi vult quam observatis propriis Regni... legibus. Von den Nicht-Status ist nicht die Rede, weil, wer die Status regiert, von selbst auch über die Nicht-Status herrscht. Auf der gleichen Erwägung beruht die Identifizierung der Stände mit dem die königliche Herrschaft beschränkenden populus in der bereits citierten Stelle des Werböczschen Tripartitum: Nomine autem et appellatione populi, hoc in loco intelligo solummodo Dominos Praelatos, Barones et alios Magnates, atque quoslibet Nobiles sed non ignobiles... de ignobilibus qui Plebis nomine intelliguntur in hac parte nihil est ad propositum. Vgl. hierzu auch Viroszil II S. 256, 275 f., III S. 48 f. A. t; v. Below II S. 72 f. Land bedeutet bald den territorial abgegrenzten Landstrich, auf welchen sich das Recht des Herrn, zusammen mit bestimmten Landständen zu herrschen, erstreckt, also modern gesprochen, das Staatsgebiet; v. Below II S. 21 β, S. 33 A. 121; bald alle darin Sefshaften unter demselben Landesherrn Stehenden; a. a. O. S. 33, 34 A. 126, bald die Summe dieser Insassen oder Unterthanen nach Abzug der Stände; a. a. O. S. 9 A. 37, S. 19. In letzterem Falle bedeutet dann das nach Aufzählung der ständischen Kurien zuletzt angeführte gemeine Land dasselbe wie die plebs des Werböcz, den der Standschaft entbehrenden, nicht herrschenden, sondern nur beherrschten Teil des Volks, die subditi im engeren Sinne des Wortes. Zuweilen werden in letzterem Falle aus der plebs die Untersassen der Herren besonders herausgehoben und als Subjizierte derselben, als ihre Knechte angeführt.
[1] Gierke a. a. O. I S. 537, 565; Unger a. a. O. S. 269.
[2] Unger a. a. O. S. 252, 254.
[3] Weil nun die Stände Träger der Landesverfassung sind, stürzt mit ihnen auch die Verfassung zusammen. Darum die förmliche Ausrottung der Landstände und die in grofsem Mafse betriebenen Güterkonfiskationen, die sich an die Niederschlagung ständischer Empörungen knüpfen und über das Bedürfnis der Beseitigung der politisch Gefährlichen weit hinausgehen. Das Reciprocitätsverhältnis, welches in diesen Kämpfen zwischen dem Herrscher und den Ständen besteht, drückt sich in dem Rechtssprichwort aus: Frangenti fidem fides frangatur eidem; Jäger a. a. O. II 1 S. 99, 107; Rachfahl a. a. O. S. 403; Tezner, Der österr. Kaisertitel u. s. w. S. 41 f. Formuliert findet sich die Ver-

Durch die bisherigen Ausführungen dürfte das Urteil ausreichend gerechtfertigt erscheinen, dafs die Kennzeichnung des Landes als eines geschlossenen politischen Gemeinwesens, der Stände als eines repräsentativen Organs des Landes eine die Primitivität der ständisch-staatlichen Einrichtungen verdeckende Hyperbel enthält. Es gilt dies selbst für eine vorgerückte Zeit, umsomehr für eine frühe Epoche des Ständestaates. Die korporative und zwangsgenossenschaftliche Natur der Landschaft ist noch nach dem dreifsigjährigen Kriege sehr unvollkommen ausgebildet[1]. Allenthalben wird die Universalität und Geschlossenheit der Territorialgewalt durch Steuer- und anderweite Befreiungsprivilegien, in einzelnen deutschen Territorien sogar durch die Reichsunmittelbarkeit einzelner Klassen durchbrochen.

Möchten sich ferner auch die Stände als das Land bezeichnen, so haben sie doch nicht die komplete Landesgewalt inne. Auch der Landesfürst nimmt, und zwar in ungleich umfassenderer und autoritativerer Weise als die Stände selbst, die richtunggebende Bestimmung und Wahrung der Landesinteressen in Anspruch und behauptet sie auch[2]. Zwischen diesen beiden Komponenten des Landes, zwischen diesen Konkurrenten um die staatliche Leitung des Gemeinwesens, besteht aber kein wahrhaft organisches Band, sie fügen sich zu einem Ganzen zusammen wie etwa zwei Bruchstücke eines und desselben Körpers. Es mangelt aber auch an einer organischen Verknüpfung zwischen dem Landesfürsten und den Ständen einerseits und der politisch rechtlosen, also auch der politisch passiven Masse des Volkes andererseits. Denn zwischen dem Landesfürsten und dem unfreien Bauernstande richtet sich die hohe Scheidewand der patrimonial-feudalen Grundherrlichkeit und Grundhoheit auf. Der organischen Verknüpfung von Ständen und Volk steht

---

wirkungstheorie in der vernewerten L.O. für Böhmen und Mähren. In Ungarn war Leopold I. nahe daran, die Verwirkungstheorie zur Geltung zu bringen; Viroszil I S. 312 A. 1., 135 III S. 78 A. c.

[1] Vgl. oben Abschnitt V, bes. aber die summierenden Aufzählungsformeln bei Unger a. a. O. S. 432 f., welche einen charakteristischen Ausdruck für die Thatsache bildeten, dafs das Land eine Gesamtheit, kein Organismus ist. So ausgebildet die Korporationstheorie schon zu Beginn der ständischen Epoche in dem gemeinen und im kanonischen Rechte uns entgegentritt, so stark ist die Reaktion des Individualismus gegen dieselbe in der ständisch-staatlichen Praxis. Vgl. hierzu auch v. Below, Territorium S. 255, 256 A. 2. Im übrigen dürfte es anachronistisch sein, selbst die Montesquieusche Lehre von der Volksrepräsentation wegen ihres Zusammenhangs mit dem Trialismus zerteilter Staatsgewalten auf eine wahrhaft organische Staatsauffassung zurückzuführen.

[2] Die Hofratsinstruktion Ferdinand I. beruft den Hofrat, emsiglich zu betrachten, was zu Unserer kgl. Hoheit Land und Leuten aufnemen frumen und wolfart raichen mag. Auch bei v. Below finden sich zahlreiche hierher gehörige Quellenstellen.

aber die Landtagsunfähigkeit des Volks als das Lebenselement des Ständewesens entgegen[1]. Will man somit die Eigenart des Ständestaates vollständig erschöpfen, so muſs man anstatt vom Dualismus des Fürsten und der Stände, vom Trialismus von Fürst, Ständen und der politisch rechtlosen Masse des Volkes sprechen.

Mit der unorganischen Natur des Verhältnisses zwischen Ständen und Volk hängt es dann zusammen, daſs jeder Landstand auf dem Landtage als das bestimmte, mit einem Status ausgestellte Individuum auftritt[2], nicht aber als ein bloſses persönliches Mittel für die organische Thätigkeit eines gröſsern Volksganzen, und soweit Repräsentation stattfindet, vollzieht sie sich auf Grund des Mandats- oder eines anderen individualistischen, nicht aber auf Grund eines organischen Rechtsverhältnisses. Der Gedanke der organischen Substitution, welcher der modernen Repräsentation zu Grunde liegt, ist dem Ständestaat vollständig fremd[3].

Die Gründe für die politische Deklassierung des gröſseren Teils des Volkes im Ständestaat stammen aus der vorständischen Epoche. Es sind dies der mittelalterliche Feudalismus einerseits, die vorgeschrittene berufsständische Gliederung des Volks und die mit derselben verknüpfte Verschiedenheit der politischen Bedeutung der einzelnen Stände andererseits. Der Ständestaat ist eben der schärfste staatsrechtliche Ausdruck für diese Verschiedenheit, ihre auf die Dauer berechnete rechtliche Sicherung. Aus diesem Grunde sind dem Ständestaate allgemeine staatsbürgerliche Rechte unbekannt[4]. Jeder Stand hat die ihm eigentümlichen, seiner Bedeutung entsprechenden Rechte, Standesrechte, welche teils ökonomischen, teils socialen, teils politischen Inhalts sind oder welche alle diese drei Elemente zugleich aufweisen. Wer keinem politisch bedeutsamen Stande angehört, keinen Status hat, Nicht-Stand ist, entbehrt der Standesrechte. Die Standesrechte bedeuten des-

---

[1] Vgl. das Schwanken v. Belows selbst in diesem Punkte durch Gegenüberstellung von II S. 13 und I S. 4.
[2] Also Fürst X., Graf Y., Stadt Z.
[3] Der Ständestaat bietet während seiner ganzen Dauer keinen positiv-rechtlichen Anhaltspunkt für die Annahme eines solchen Verhältnisses. Das Mandat, kraft dessen ein Landstand durch einen andern, die Korporation durch ihre Repräsentanten auf dem Landtag vertreten wird, ist wie das privatrechtliche gestaltet. Mandatsüberschreitung begründet rechtlich keine Verpflichtung für den Vertretenen. Was nach Kries a. a. O. S. 30, 32 in Schlesien schon im 16. Jahrhundert angestrebt wurde, war nicht die moderne Repräsentation, sondern Umwandlung der bestimmt umschriebenen Vollmacht in eine Generalvollmacht. Vgl. auch v. Below, Territorium S. 240.
[4] Darum sind die bürgerlichen Freiheitsrechte, welche nach Balogh Nr. 243: 1899 S. 2, Spalte 3 oben, die ungarische Ständeverfassung aufgewiesen haben soll, Chimäre.

halb Vorrechte oder Privilegien gegenüber dem allgemeinen für das gemeine Land geltenden Rechte.

Im Ständestaate wird unter Umständen selbst das, was früher allgemeines Recht, Inhalt der Gemeinfreiheit war[1], ständisches Vorzugsrecht. Es gilt dies ganz besonders von dem Anspruch auf ausreichende Bürgschaften gegen willkürliche strafrechtliche Verfolgung und gegen willkürliche Eingriffe in das Vermögen[2].

Ein bedeutsames ständisches Vorrecht ist das der ausschliefslichen Zugänglichkeit der Landesämter für die Stände. Die Landesämter werden zuweilen für die einzelnen ständischen Kurien nach Bedeutung von Amt und Stand reserviert[3]. Später überträgt sich dieses Verhältnis auf die streng königlichen oder landesfürstlichen Ämter, sofern sie mit einer nach aufsen gerichteten Amtsgewalt, mit einem Decernat ausgestattet sind[4]. Da in diesen Ämtern Verwaltung und Rechtspflege geübt wird[5], so vermittelt die Besetzung dieser königlichen oder landesfürstlichen Ämter mit Standespersonen die Fortdauer der Geltung des Grundsatzes des judicium parium zu Gunsten der Stände auch innerhalb der landesfürstlichen Behördenorganisation. Zugleich erweist sich dieses Organisationsprincip als geeignetes Mittel zur Versorgung des mit ausreichendem Güterbesitz nicht ausgestatteten Adels[6] und

---

[1] Unger a. a. O. S. 24, v. Below III 2 S. 124, Viroszil II S. 269 A. o und die dort angeführte Litteratur. Unger a. a. O. S. 444 behauptet zwar, dafs die Stände die Privilegierung ihrer persönlichen Freiheit angestrebt hätten, um ihre Einbeziehung in die Unfreiheit aufzuhalten, allein sie waren nach erfolgter Privilegierung in hervorragender Weise thätig, um den Kreis der Unfreien durch Einbeziehung nichtprivilegierter Freien zu erweitern; v. Below, Territorium 271.

[2] In der vernewerten L.O. für Böhmen vom Jahre 1627 A. XLIX verspricht der König, dafs in Sachen des landesfürstlichen Fiskus (d. i. sowohl in straf- wie privat- und verwaltungsrechtlichen Sachen) wider niemanden aus den gehorsamen Ständen von der Exekution angefangen und ungehörter Sache wider einen verfahren, sondern vielmehr den Rechten ihr gebührender Lauf gelassen werden solle. Für die Unterthänigen gilt das nicht. Die Kompetenz zum Rechtsschutz derselben gegen ihre Herren mufs sich der Landesfürst erst erkämpfen. Vgl. auch Viroszil II S. 126 A. n, S. 180, 188, 266 ff., v. Below III 2 S. 126 f. Als besondere Garantie gilt das judicium parium. Vgl. auch Tezner, Kaisertitel S. 38.

[3] Viroszil I S. 214, II S. 274, 375, III S. 101 A. d.

[4] Viroszil III S. 78 A. c; Tezner, Landesfürstliche Verwaltungsrechtspflege S. 166 A. 5, S. 184.

[5] Landeshoheit ist entwickelte Gerichtsgewalt; v. Below II S. 46, 68.

[6] Für Ungarn ist an dieser Stelle auch auf das Aviticalsystem zu verweisen, kraft dessen der König gebundenen und durch Aussterben der besitzenden Familie an die Krone heimgefallenen adeligen Grundbesitz wieder an Adelige auszugeben hat. Dieses System hat sich bis 1842 erhalten. Viroszil II S. 278 f., 154 f., 159 f. Die ungarische Sage führt die Gründung des ungarischen Reichs auf einen Eroberungs- und

zur Versöhnung desselben mit der neuen Ordnung. Die Feudalisierung des Ämterwesens tritt uns so in modernisierter Gestalt entgegen.

In der Verschiedenheit der Stärke der Bürgschaften für einen ausreichenden strafrechtlichen Schutz und in der Verschiedenheit der Stärke dieses Schutzes selbst[1] für die verschiedenen Stände, in der Verschiedenheit der Rechtsstellung vor Gericht[2], in der Verschiedenheit der Bedeutung der den verschiedenen Ständen zugänglichen Ämter, in der Etikette, welche für das Zusammenwirken der verschiedenen Kurien zu gelten hat[3], drückt sich die politische Wertung der verschiedenen Stände aus.

Das politische Schwergewicht liegt im ständisch monarchischen Staate, abgesehen von dem Herrscher, bei den mit grundherrlichen oder grundhoheitlichen Rechten ausgestatteten Ständen. Aus dem Rechte der Herren an dem unfreien, unterthänigen Grunde und an dessen Besitzer wächst in den grofsen Territorien der verfassungsmäfsige Grundsatz von der ausschliefslichen passiven Fähigkeit des unfreien Grundes für die Auflegung von Steuern und öffentlichen Lasten heraus[4], und die Steuer- und Lastenfreiheit des herrschaftlichen Grundbesitzes entwickelt sich als Korrelat der Reichsunmittelbarkeit und der politisch bevorrechteten Stellung seiner Besitzer. Dieses Verhältnis ist somit in den grofsen Territorien zum Ausgang der ständischen Epoche viel schärfer ausgeprägt als zum Beginn derselben[5], und wir haben es hier mit einem der

---

Teilungsvertrag, also auf einen wechselseitigen Versorgungsvertrag zwischen Almus, dessen Sohn Arpad und sieben Stammesfürsten zurück a. a. O. I S. 102 f., 108; III S. 190. Vgl. auch Jäger a. a. O. III 1 S. 95; Bidermann II S. 114; v. Below, Territorium S. 34 ff., 114, 267.

[1] Ohrfeigt der ungarische Bürger den Edelmann, so verwirkt er neben dem homagium sein Leben oder mindestens sein Vermögen, der Edelmann im umgekehrten Fall nur das homagium; Viroszil II S. 375 A. m, S. 272.

[2] Weil nur die Gesamtbürgerschaft dem Edelmann ebenbürtig ist, nicht aber der einzelne nichtadelige Stadtbürger, deshalb hat dieser gegenüber jenem kein jus standi in judicio, sondern mufs von dem Fiskus seiner Stadt vertreten werden. Der Bauer wird gegenüber dem Edelmann durch seinen adeligen Grundherrn vertreten; a. a. O. II S. 275, 377.

[3] A. a. O. II S. 374 f., III S. 30 ff., Unger a. a. O. S. 147. Vgl. insbesondere die höchst erniedrigende Rolle, welche die Städte auf dem böhmischen Landtag spielten, bei Kostetzky, Die Staatsverfassung des Königreichs Böhmen S. 151, 182, 186.

[4] Viroszil II S. 268 f., 272 f., 237 A. f., 273; Kries a. a. O. S. 10, 66 f. A. 9; v. Below III 2 S. 2 A. 5, 3 ff. und Territorium S. 116 ff.

[5] Für Böhmen hebt diese schon um 1720 mit bitterer Schärfe der kaiserliche Hofkammersekretär Johann Christian Borschek in seiner Denkschrift: Erinnerungen über das Steuerwesen in den k. k. Erbländern, hervor; Rieggers Materialien zur Statistik von Böhmen 6. Heft S. 183 ff.; v. Below, Territorium S. 10, 55, 58 f.

wenigen Rechtsgebiete zu thun, auf welchen es der Ständestaat zu klaren und sorgfältig gefafsten Rechtssätzen bringt. Besonders lehrreich sind hier die ungarischen D. A. 3: 1715 und 10: 1790/91, sofern sie das Wesen der Independentia Regni, d. i. der Independentia Statuum et Ordinum mit der später und früher noch in den D. A. 6: 1723 und 8: 1741 [1] anerkannten ewigen Steuerfreiheit des adligen Grundbesitzes erklären, welche demnach eine steuerrechtliche Behandlung des adligen Grundbesitzes in Ungarn ad normam aliarum provinciarum nicht gestatte [2]. Wenn man deshalb von der Agrarverfassung der ständischen Epoche spricht, so ist diese Bezeichnung, jedenfalls soweit die gröfseren Territorien in Betracht kommen, auch staatsrechtlich begründet, sofern sich das ständische Verfassungsrecht zum grofsen Teile auf der Unfreiheit oder der geminderten Rechtsstellung des Bauernstandes und des bäuerlichen Grundbesitzes aufbaut [3].

Für die Beurteilung des Verfassungslebens im ständisch-monarchischen Staate ist nun die Erkenntnis von der gröfsten Bedeutung, dafs die Stände gegenüber den Ausdehnungsbestrebungen der monarchischen Gewalt ernsthaft und nachhaltig nur dann reagieren, wenn sie die hier angeführten, das Lebenselement des Ständewesens bildenden Standesvorrechte erfassen will, wogegen selbst verfassungsrechtliche Verdunkelungen der staatsrechtlichen Besonderheit des Territoriums und der dasselbe umfassenden Territorialgewalt sich ohne ernstlichen oder nachhaltigen Widerstand vollziehen, wenn die Standesrechte unangetastet bleiben. Im Vordergrunde des politischen Interesses der Stände stehen eben diese Vorrechte, nicht aber die allgemeine Befugnis, auf eine bestimmte Erledigung anderweiter, die ständischen Vorrechte nicht betreffender, in diesem Punkte indifferenter Landesangelegenheiten hinzuwirken, und hieraus erklärt sich auch, dafs, solange eine Verfassung auf ständischen Grundlagen ruht, die Teilnahme der Stände an Gesetzgebung und Verwaltung keine Entwicklung durchmacht und zu keiner Festigkeit und sicheren Begrenzung gelangt. Bezeichnenderweise finden sich im Tripartitum P. I tit. 9 unter den quatuor privilegiatae et praecipuae Nobilium libertates nur Vorrechte des ungarischen

---

[1] Ne Onus publicum Fundo quoquo inhaereat.

[2] Tezner, Der österreichischen Kaisertitel, das ungarische Staatsrecht S. 36.

[3] Von v. Below wird dies, Territorium S. 112 ff., 277, für das von ihm durchforschte, nur kleine Territorien umfassende Gebiet geleugnet. Auch Ungarn weist einen besitzlosen landtagsfähigen Adel auf. Allein die ungarischen Publizisten bezeichnen ihn bis in das 18. Jahrhundert hinein als den dem Hochadel politische Gefolgschaft leistenden adligen Pöbel; Viroszil III S. 162 A.

Adels angeführt[1], nicht aber sein Recht auf Teilnahme an den Komitien. Wie die ungarischen Stände im D. A. 38: 1569 sich gegenüber der Unterstellung Ungarns unter die Centralbehörden der Hofkammer und des Hofkriegsrates in Wien bei der neuerlichen Bekräftigung ihrer Rechte und Freiheiten beruhigen, ist bereits hervorgehoben worden. Am anschaulichsten wird aber die Verschiedenheit der Wertschätzung, welche die Stände ihrer Befugnis zur Einwirkung auf die Gesetzgebung und ihren ökonomisch-politischen Vorrechten entgegenbringen, durch den Art. 10: 1790/91, in welchem der ungarische Reichstag gerade bei Anbruch der konstitutionellen Staatsidee und aus Furcht vor der Einwirkung derselben auf diese Vorrechte, den Ausspruch der Unzuständigkeit der Gesetzgebung zur Abänderung oder Beseitigung der Steuerfreiheit des Adels erneuert und neuerlich diese Steuerfreiheit als eine für die Ewigkeit berechnete Schranke der Landesgesetzgebung erklärt[2].

Während deshalb die Verwischung und Vernichtung der staatsrechtlichen Sonderstellung von Territorien, wie sie in der Schaffung der österreichischen Centralbehörden unter Ferdinand I. und in der Aufhebung der böhmischen Hofkanzlei durch Maria Theresia gelegen ist, sich einseitig ex jure regio in einer geradezu verblüffend glatten Weise vollzieht, wird noch unter Josef II. der sonst politisch ganz indifferent gewordene Adel durch die radikale Agrar- und Steuerpolitik dieses Kaisers galvanisiert und ein altes und grofses Reich in eine gefährliche Krise gestürzt[3]. Deshalb sind die sogenannten

---

[1] Die cardinales praerogativae Nobilium sind die Grundrechte, jura fundamentalia des ständischen Staates, die sie anerkennenden Gesetze seine Grundgesetze, leges fundamentales; Viroszil I S. 277, II S. 261, 266, 407. Vgl. auch D. A. 6: 1723.

[2] Über die Versuche, diese rechtliche Bedeutung allen ständischen Vorrechten zu vindizieren, Viroszil II S. 277 A. i. Die Annahme v. Belows in Territorium S. 268, es hätten die Stände ihre Steuerbewilligungen nicht von einer Stärkung ihrer Vorrechte abhängig gemacht, trifft für Ungarn überhaupt nicht, für die übrigen österreichischen Länder nicht ganz zu.

[3] Hier sind noch folgende Belege für die im Text aufgestellte Behauptung der Bevorzugung der ständischen Sonderrechte durch die Stände gegenüber den Komitialbefugnissen anzuführen. Aus den Instruktionen der ungarischen Hofkanzlei erfahren wir über die Frage, wie weit ihr etwa ein selbständiges Decernat auf dem Gebiete der allgemeinen Landesverwaltung zugekommen sei, nichts, wohl aber, dafs die literae donationales (Landesvergabungsbriefe für adelige Familien), Privilegia, Confirmationes, Immunitates, Exemtiones zu ihren bedeutsamsten Agenden gehört hätten; Bidermann, Geschichte der österreichischen Gesamtstaatsidee I S. 13, S. 129 A. 51. Maria Theresia erfreut sich der gröfsten Beliebtheit in Ungarn, ungeachtet sie den Reichstag während ihrer ganzen Regierung statt jedes dritte Jahr nur

Freiheitskämpfe der Stände nicht Kämpfe um die allgemeine individuelle Freiheit, sondern um die ständischen Freiheiten[1]. Selbst der Kampf der Stände um Religionsfreiheit ist nur ein nicht offener Kampf für ständische Freiheit, ein Kampf um die Herbeiführung einer scheinbaren Monarchie und einer wahrhaften Adelsrepublik, und diese Beziehung ist der Entwicklung der Religionsfreiheit ganz besonders in den habsburgischen Ländern in hohem Grade abträglich gewesen[2].

Der Ständestaat verhält sich aber der Verallgemeinerung der Freiheit gegenüber nicht nur gleichgültig, sondern sogar feindlich[3]. Denn da er sich auf der Unfreiheit und Unter-

---

dreimal einberufen hat, weil sie im D. A. 8: 1741 die Unentziehbarkeit der adeligen Steuerprivilegien anerkannt hat. Auch in Böhmen hat sich die Verstaatlichung des Steuerwesens erst mehr als 100 Jahre später vollziehen können wie die endgültige Feststellung des Grundsatzes, dafs ein Gesetzgebungsrecht nur dem König zukomme. Kries a. a. O. S. 70 A. 3, Elvert, Zur österreichischen Verwaltungsgeschichte S. 172 f., 198 ff., 401, 504 f., und Zur österreichischen Finanzgeschichte S. 281 ff., ferner im 16. Band der Schriften der mährisch-schlesischen Gesellschaft S. 637 ff., 729 ff. Wie energisch selbst die niederösterreichischen Stände noch unter Leopold I. ihr Steuerbewilligungsrecht wegen seiner wirtschaftlichen Bedeutung vertreten haben, darüber vgl. Pribram, Die niederösterreichischen Stände und die Krone zur Zeit Leopold 1. im 14. Bd. der Mitteilungen des Instituts für österreichische Geschichtsforschung.

[1] Vgl. den oben S. 73 A. 3 angeführten Rechtsgrundsatz. Selbst Deák, der bedeutendste Vertreter der konstitutionellen Natur des altungarischen Verfassungsrechts, bemerkt, Ein Beitrag zum ungarischen Staatsrecht S. 155: „In der That haben zu jenen Zeiten die privilegierten Klassen — und aus diesen bestand der Reichstag — die Steuerimmunität für den wesentlichsten Teil der Freiheit betrachtet."

[2] v. Below, Territorium S. 273 f.

[3] Hierzu vgl. ganz besonders die Klagen der vorkonstitutionellen ungarischen Publizistik. Da ist die Rede vom Upasbaum des Feudalismus (Viroszil II S. 279 A. m), von der Odiosität der Verfassung vor ganz Europa und von der verdienten Mifsachtung des Adels, der nur die Rechte einer historischen Epoche für sich beansprucht, ohne die Pflichten derselben tragen zu wollen (II S. 356 A. d, 361 A., S. 402 A.), von den abgelebten Feudalinstitutionen — der Aviticität, den Exemtionen, Immunitäten, Privilegien ohne Zahl und Mafs (II S. 364 A.), von der 1/10 der ganzen Bevölkerung betragenden politischen Nation (!) (II S. 405), von dem schroffen Mifsverhältnis der adeligen Vorrechte, als der bedeutsamsten Grundlage der ungarischen Verfassung, zu den Forderungen der Neuzeit (I S. 137 A. 1, II S. 407), von dem Widerspruche des Vertretungssystems mit dem Vernunftrecht (III S. 54 A.), von dem aristokratischen Einflufs des adeligen Pöbels (III S. 114 A.), von der grauenerregenden Judikatur der adeligen Gespanschaften (III S. 138 A.), von der Hemmung jeder Verwaltung durch die Bande mittelalterlicher Feudalverfassung (III S. 206 f.). In den Jahren 1808—1848 laufen bei der Regierung Beschwerden der Komitate gegen die allzu grofse Milde der Censurbehörde ein! (Viroszil III S. 87 A. p, S. 64 A. unten.) So steht es um die von Balogh (Pester Lloyd 243: 1899 S. 2 Spalte 3 oben) in der altungarischen Verfassung entdeckten bürgerlichen Freiheitsrechte!

ordnung[1], wie auf der politischen Rechtlosigkeit der grofsen Masse aufbaut, so ist eine Beseitigung des bestehenden, diese Unfreiheit und Rechtlosigkeit verbürgenden, auf verschiedenartige Rechtsgründe zurückzuführenden, zwischenstaatlichen Herrschafts- und des ihm entsprechenden Unterthänigkeitsverhältnisses, sowie die Zulassung der Beherrschten zur Mitbestimmung ihrer Interessen contra naturam sui generis. Während der ganzen Dauer des Ständestaates ist der Adel bestrebt, die politische Bedeutung der Städte für die Mitbestimmung der Landesangelegenheiten bis zur Vernichtung zu führen[2], und ebenso hartnäckig behauptet das Stadtbürgertum die wahrhaft herrschaftliche Natur des städtischen Bürgerrechts[3].

Es hat sich also gezeigt, dafs der Ständestaat während seiner ganzen Dauer von der Unfähigkeit des grofsen, nicht landtagsfähigen Teils des Volks zu organischer Entfaltung und staatlicher Thätigkeit ausgeht, dafs durch das System der ständischen Vorrechte eine unübersteigbare Scheidewand zwischen Ständen und Volk aufgerichtet wird, und dafs die Stände selbst im Zeitpunkt des Auftauchens der konstitutionellen Staatsidee den schroff individualistischen Gedanken von der Unerreichbarkeit des individuellen Vorrechts des einzelnen Standes durch ein allgemeines Gesetz, von der Bedeutung der ständischen Freiheit als einer unzerstörbaren Freiheit des bevorrechteten Individuums vom Gesetze[4] erfolgreich zur Geltung bringen.

Aus allen diesen Gründen wird das Wesen des Ständestaates verständlicher und die Stellung des Ständestaates in der Stufenleiter der staatlichen Entwicklung richtiger bestimmt, wenn man auf den grofsen Umfang staatsrechtlicher Vorstellungen und Einrichtungen der ständischen Epoche hinweist, welche zerstört werden mufsten und noch zerstört werden

---

[1] In den Beschlüssen des ungarischen Reichstags von 1790/91 ist kein Nachhall der déclaration de droits des Jahres 1789 zu entdecken. Vgl. auch unten S. 84 A. 2.

[2] Unger a. a. O. S. 92, 147; Gierke I S. 558; Elvert, Zur österreichischen Finanzgeschichte S. 314; Toman, Das böhmische Staatsrecht S. 184 ff. Auch in Ungarn gilt zuletzt eine ganze Stadt nicht mehr als ein Edelmann, alle Städte zusammen nur soviel als ein Komitat, so dafs 49 Städte zusammen gegenüber den 56 Stimmen von 56 Gespanschaften nur eine Stimme haben; Viroszil II S. 367 f., 406, III S. 40 f., S. 54 A. a. Für Schlesien, Kries a. a. O. S. 27. Über die tiefe Verachtung, welche auch die königlichen Beamten selbst gegenüber bedeutenden Städten hegten, Kries a. a. O. S. 3 A. 4. Vgl. ferner v. Below III 1 S. 33.

[3] Viroszil III S. 115 A. b.

[4] Eine anonyme Flugschrift aus dem Jahre 1841 kennzeichnet das Wesen der ständischen Freiheit für Ungarn in folgender Weise: Es bestünden in Ungarn zwar Freiheiten, aber keine Freiheit; Viroszil III S. 210 A. c, dann auch I S. 134, II S. 260 A., 354 A. c. Vgl. auch Kries a. a. O. S. 61 A. 10.

müfsten, um die Entwicklung des einheitlichen, organischen und persönlichen Staates zu ermöglichen[1], als wenn man das „Land" als geschlossenes, politisches Gemeinwesen, die Landstände als Repräsentation oder Organ des Landes bezeichnet. Soll ferner die Bedeutung des Ständewesens für die allgemeine staatliche Entwicklung auf dem Kontinente nicht in eine zu günstige Beleuchtung gestellt werden, so darf man auch nicht gegenüber den grofsen und lange währenden Hindernissen, welche das Ständewesen der Entwicklung des modernen Staates bereitet hat[2], seine bescheidenen Beiträge zur Förderung dieser Entwicklung allzusehr in den Vordergrund rücken.

IX.

Noch immer sind einzelne Historiker geneigt, den dreifsigjährigen Krieg als den merkbaren Einschnitt in der Entwicklung des kontinentalen monarchischen Ständestaates zu bezeichnen und zwar sowohl in staatsrechtlicher als auch in politischer Hinsicht[3]. Die Auffassung der landesfürstlichen

---

[1] Vgl. auch die von v. Below an seiner Apologetik der Stände vorgenommene Korrektur, Territorium S. 274 f. Die modernen organisatorischen Gesetze der konstitutionellen Staaten einerseits, die Tabelle der allgemeinen Grundrechte andrerseits bilden eine umfassende Verleugnung der ständischen Epoche.

[2] Noch in dem Jahre 1790, also ein Jahr nach der Erklärung der Menschen- und Bürgerrechte, verlangen die höheren Stände Mährens in ihren an Leopold II. gerichteten Desiderien, dafs „der ihnen zugekommene Verboth, ihre Unterthanen nicht auf der Stelle mit Stockstreichen bestrafen zu dürfen, wieder aufgehoben, sofort das vormals gehabte Recht, wenigstens (!) mit Bestimmung einer gewissen Anzahl der Streichen, wieder gnädigst eingeräumt werden möchte"; Elvert, Schriften der histor.-statist. Sektion der mährisch-schlesischen Gesellschaft 14. Bd. S. 159. Für die Erkenntnis des ständischen Geistes und die Würdigung seiner Apologetik sind diese Desiderien mit Rücksicht auf die vorgerückte Zeit ihrer Entstehung sehr lehrreich. Vgl. insbesondere a. a. O. S. 105—108, 116—118, 128, 132, 148, 156 ff., 181, 189, 191, 212.

[3] Rachfahl in seiner Rezension meiner landesfürstlichen Verwaltungsrechtspflege in Österreich, Jahrbuch für Gesetzgebung, Verwaltung und Volkswirtschaft im Deutschen Reiche S. 355. Auch Luschin in seiner trefflichen Österreichischen Reichsgeschichte S. 411 A. 5 will gegenüber Přibram, Die niederösterreichischen Stände und die Krone in der Zeit Kaiser Leopold I., nicht gelten lassen, dafs die Machtstellung der Stände um diese Zeit eine hervorragende gewesen sei. Es wird hierbei übersehen, dafs schon nach einer Richtung hin die Machtstellung der Stände vor dem 30jährigen Krieg insofern überschätzt wird, als sich gerade in dieser Epoche die bis auf den heutigen Tag fortwirkende Organisation der landesfürstlichen Behörden ohne Teilnahme der Stände vollzog (vgl. hier auch Treumann, Die Monarchomachen S. 10, 15), dafs andererseits der zähe und erfolgreiche Widerstand, welchen die Stände besonders in Österreich allen Agrar- und Steuerreformen nicht blofs auf den Landtagen, sondern durch ihren bis auf die Hofstellen hinaufreichenden Einflufs in der Praxis bis spät in das 18. Jahrhundert hinein entgegenstellten, eine nach dem dreifsigjährigen Kriege

Gewalt, so bemerkt ein neuerer hervorragender Darsteller der Geschichte des schlesischen Ständewesens bis zum dreifsigjährigen Kriege[1], sei bis zu diesem Zeitpunkte patrimonialprivaten Charakters gewesen, während sie von da an auf dem abstrakten Staatsgedanken beruhte. Die alte Landesherrlichkeit hätte sich von da an in die Sphäre abstrakter Staatshoheit erhoben, und hierdurch den politischen und staatsrechtlichen Dualismus zwischen Landesherrschaft und Landständen[2], das wesentliche Merkmal des Ständestaates, überwunden.

Solchen Zusammenfassungen gröfserer Epochen der staatlichen Entwicklung mittels einzelner Schlagworte steht nun die Erkenntnis im Wege, dafs in jeder staatsrechtlichen Epoche widersprechende politische Ideen und aus solchen entspringende Rechtsinstitute aufeinander stofsen, und dafs deshalb keine staatsrechtliche Epoche von einem Punkt aus erklärt und begriffen werden kann[3].

Verständlicher wird vor allem das Wesen des Ständestaates, wenn man sich nicht beschränkt, dasselbe mit dem Dualismus zwischen Landesherrn und Ständen zu erschöpfen, sondern wenn man mit noch gröfserer Schärfe die unorganische Natur dieses Dualismus betont. Denn den Dualismus von Krone und Parlament als zweier auf den Staat wirkender Faktoren kennt ja auch das moderne konstitutionelle Staatsrecht.

Während aber die Akte des konstitutionellen Monarchen und des Parlaments auf den Staat als die sie beide umfassende Persönlichkeit bezogen werden und in demselben ihre Vereinigung finden, während der konstitutionelle Staat einer sachlichen Erwägungen folgenden, festen Aufteilung der staatlichen Kompetenzen zwischen Monarch und Parlament zustrebt, bedeutet der ständische Dualismus eine nach den

---

eingetretene Machtminderung der Stände, soweit es sich um die Wahrung ihrer wichtigsten Interessen handelt, nicht erkennen läfst. Vgl. unten S. 92 A. 2, dann aber in anderer Hinsicht v. Below, Territorium S. 54 A. 1, S. 18; Tezner, Verwaltungsrechtspflege S. 179.

[1] Rachfahl a. a. O.

[2] Rachfahl irrt in seiner Annahme, es sei mir seine im Texte entwickelte Charakteristik des Ständestaates entgangen. Bildet dieselbe doch eine Art Marke, welche jeder Darstellung des Ständerechts in auffälliger Weise umgehängt wird. Auch der Hinweis auf die Renaissance des antiken Staatsgedankens, den Rachfahl bei mir vermifst, findet sich bei mir a. a. O. S. 81 deutlich genug. Die Ausführungen im Texte werden es rechtfertigen, warum ich mich nicht entschlossen habe, die schulgemäfse Charakteristik des Ständestaats zu übernehmen.

[3] Hierüber besonders Otto Mayer, Deutsches Verwaltungsrecht 1 S. 124. Vgl. Rachfahl selbst, Gesamtstaatsverwaltung S. 108 A. 1, S. 140, woselbst von der von ihm behaupteten epochalen Bedeutung des 30jährigen Krieges für die Auffassung der landesfürstlichen Gewalt nichts zu entdecken ist. v. Below, Territorium S. 276.

jeweiligen Machtverhältnissen verschieden ausfallende[1] Zerschneidung des Staates in zwei Stücke, von denen eines dem Herrscher, das andere den Ständen patrimonial- und individualrechtlich zugehört, wobei es an einem beide Teile mit hinreichender Festigkeit zu einer Einheit zusammenschliefsenden, rechtlichen Bande fehlt.

Diese patrimoniale, individualrechtliche Beziehung von Herrscher und Ständen zu ihren jeweiligen Kompetenzen erhält sich, weil sein Wesen bildend, während der ganzen Dauer des Ständestaates, also auch nach dem dreifsigjährigen Kriege, vorausgesetzt, dafs ein Staat auch nach dieser Zeit noch Ständestaat ist, was sich in der Fortdauer des ständischen Steuerbewilligungsrechtes äufsert.

Wenn man deshalb der Staatsidee, auf welcher der Ständestaat ruht und aus welcher seine Rechtsinstitute hervorgehen, die abstrakte Staatsidee als Gegensatz gegenüberstellt, so kann sich dieser Gegensatz nur äufsern in der vollständigen Ablösung des Staates von den wechselnden Individuen, durch deren Thätigkeit er zur Erscheinung gelangt und in seiner Erfassung als einer Persönlichkeit, welche nicht in den ihr sub-

---

[1] Trotz objektiven und redlichen Willens ist es mir nicht verständlich geworden, wie v. Below, Territorium S. 258 ff. einerseits zugeben kann, dafs infolge der Eigenart des ständischen Dualismus die Stände durch Jahrhunderte zu einer unbestrittenen Kompetenz nicht gelangen konnten, und S. 255, dafs sich die Wage in den Kämpfen zwischen Herrscher und Ständen um den gröfseren Anteil am Staate auf die Seite des Herrschers geneigt hat, und doch andererseits S. 258, A. 2, S. 259 A. 2, behauptet, dafs gerade dieser eigenartige Dualismus, innerhalb dessen es vermöge seiner entwicklungsfeindlichen Natur zu einer durch feste, unüberschreitbare Grenzen bestimmten Kompetenz der Stände nicht kommen konnte, den Ständen eine höhere mit jener der modernen Parlamente annähernd vergleichbare Rechtsstellung verbürgt habe. Die Bedeutung des ständischen Steuerbewilligungsrechts für die Rechtsstellung der Stände habe ich entgegen dem Tadel Rachfahls bei Schmoller S. 355, und v. Belows S. 258 A. 1 in meiner landesfürstlichen Verwaltungsrechtspflege S. 28 ff., S. 30 mit genügender Schärfe hervorgehoben. Beide Autoren unterlassen es aber hervorzuheben, dafs selbst dieses Recht (oder vielleicht gerade dieses Recht wegen seiner unorganischen Gestaltung?) die Machtverschiebung zu Ungunsten der Stände und die Entwicklung des Fürstenabsolutismus nicht aufzuhalten vermochte und dafs wegen seiner Gestaltung als ständischen Privilegs sich sein Untergang aus denselben juristischen Gründen vollzog, welche die rivalisierenden Stände selbst im wechselseitigen Kampfe gegen ihre Standesprivilegien angerufen hatten; Tezner a. a. O. S. 32. Dafs sich das Steuerbewilligungsrecht aber hie und da bis zum 19. Jahrhundert erhielt, erklärt sich nicht mit seiner inneren Kraft und mit seiner technischen Vollendung, sondern mit jenen Gründen, aus welchen sich die ständischen Monarchen politisch auf den gröfseren Teil des Volkes nicht stützen wollten oder konnten; Tezner a. a. O. S. 12 A. 17 c, Bidermann, Gesamtstaatsidee II S. 190. Dafs ich die Erbhuldigung als eine Garantie der Ständeverfassung nicht betrachtet habe, erscheint durch meine Ausführungen a. a. O. S. 26 f. und hier S. 8 f., 36 ff., 49 ff. ausreichend begründet.

sistierenden Individuen aufgeht, welche ihre Daseinsbedingungen nach eigenen Gesetzen, nicht aber nach dem, wenn auch von noch so idealer Auffassung getragenen Willen einzelner Individuen erfüllt[1].

Diese abstrakte Auffassung vom Wesen des Staates ist aber nicht nur der staatlichen Praxis des Ständestaates, sondern auch jener des patriarchalischen, bevormundenden, absolutistischen Polizeistaates fremd und selbst im modernen Verfassungsstaate nicht vollständig verwirklicht. Wir sehen, wie sich die patrimoniale Auffassung von der Beziehung des Herrschers zum Kronvermögen[2], zur Kammer, bis in die absolutistische Epoche hinein erhält. Ebensoweit hinaus reicht die patrimoniale Auffassung von der Beziehung der herrschenden Familie zur staatlichen Herrschaft[3]. Das pactum mutuae successionis, welches Kaiser Leopold I. im Jahre 1705 mit seinen Söhnen, den nachmaligen Kaisern Josef I. und Karl VI., abschließt, behandelt Land und Leute nicht etwa im Sinne der persönlichen, abstrakten Staatsidee, sondern nach Art eines zur Versorgung der Mitglieder der Dynastie bestimmten Gutes, Fideikommisses, und selbst die pragmatische Sanktion von

---

[1] Vgl. den bekannten, Ludwig XIV. in den Mund gelegten Ausspruch: L'État c'est moi. Auch der aufgeklärte Absolutismus Friedrich des Großen und Josef II. bedeutet eine, wenn auch von idealen Motiven geleitete Despotie, also schrankenlose Herrschaft und **Verfügung über den Staat** durch den hierzu berechtigten Monarchen. Schon Gerber (vgl. unten S. 88 A. 2) findet heraus, daß zum Wesen eines patrimonial gestalteten Rechtsinstitutes nicht seine Bestimmung für die Befriedigung von egoistischen Interessen gehört, sondern daß es rechtlich zur Verfügung eines Individuums gestellt wird, wenn auch für die Erfüllung altruistischer Zwecke. Noch das moderne Monarchenrecht kann meines Erachtens ohne Herbeiziehung eines patrimonialen Elementes nicht richtig verstanden werden. Mit demselben Rechte, mit dem man Friedrich den Großen als ersten Repräsentanten der abstrakten Staatsidee erklärt, weil er sich als Diener des Staates betrachtet, Bluntschli, Geschichte der neueren Staatswissenschaft 1. A. S. 261, könnte man den Landesfürsten des 15. Jahrhunderts so bezeichnen, weil er seine Befugnisse aus seinem tragenden Amte ableitet. Vgl. oben S. 72 A. 2.

[2] v. Below, Territorium S. 248, 251. Man denke ferner an die noch vom absolutistischen Staat gehegte Patrimonialjustiz.

[3] Hauke, Die geschichtlichen Grundlagen des Monarchenrechts S. 50 ff., 79; Unger a. a. O. S. 327 ff., 277. Unrichtig deshalb die Bemerkung bei Balogh Nr. 242, daß die patrimoniale Staatsidee durch das ungarische Ständerecht abgelehnt werde. Es sei hier verwiesen auf die patrimoniale Auffassung der Stände als Mitkrone, als Miteigentümer von Land und Leuten, auf das hochentwickelte Feudalwesen, auf das Avitikalsystem, auf das ganz patrimonial gedachte königliche Kammerwesen. Vgl. auch Viroszil I S. 126, 285 A. i, 346 A. h, II S. 153, 174 A. f. Die äußerste im 15. Jahrhundert gezogene Konsequenz aus der patrimonialen Auffassung der Fürstengewalt bildet der von einzelnen Landesfürsten größerer Territorien geübte Verkauf von Landeskindern an fremde Staaten für den Zweck des Heeresdienstes. Vgl. zu diesem Punkte v. Below S. 263 ff. Von den kleinen Territorialherren ist hier ganz zu schweigen; v. Below, Territorium S. 66 ff.

1713 nähert sich nur durch ihre praktischen Ergebnisse einem modernen Thronfolgegesetz, ihr konstruktiver Aufbau erfolgt mittels der Rechtsgriffe des patrimonialen Staatsrechts, auf dessen Fortwirkung auch die verschiedenen, diesen Staatsakt begleitenden Erbverzichte zurückzuführen sind[1].

Andererseits ist doch nur die Beziehung des Herrschers zu den herrschaftlichen Befugnissen patrimonial gedacht[2], nicht auch der Inhalt und der Zweck derselben. Die Vorstellung hierüber ist vielmehr, und zwar schon vor dem dreifsigjährigen Kriege, in hohem Grade von socialen und ethischen Ideen erfüllt.

Die ethische Auffassung von dem Wesen des Fürstenrechts, wie sie später von Bodin, Fenélon, Bossuet entwickelt wird, liegt insbesondere den grofsen organisatorischen Schöpfungen der Habsburger im 16. Jahrhundert[3], sowie den schon im 15. Jahrhundert beginnenden epochalen Reformen der Rechtspflege und der zu gleicher Zeit sich entwickelnden landesfürstlichen Polizeigesetzgebung zu Grunde[4]. Es gilt als Amts- und Berufspflicht des Fürsten, für alle Unterthanen, in ganz besonderer Weise aber für die Schwachen zu sorgen, alle gemeinschädlichen Verhältnisse abzustellen, Recht und Billigkeit auf allen Lebensgebieten zu entfalten. Schon die Rechtsquellen aus dem Ausgange des 15. Jahrhunderts entwickeln diesen Rechtsgedanken bei den verschiedensten Anlässen[5].

Da nun aber dieser Fürsorgethätigkeit die auf Herkommen und Gewohnheit gestützten Rechte des Landes oder der Stände entgegengestellt werden, so steht schon im 16. Jahrhundert

---

[1] Auf patrimonialer Auffassung ruht auch die Forderung der kroatischen Stände an Karl VI., über die Thronfolge für den Fall seines Ablebens solche Verfügung zu treffen, dafs Kroatien mit den Herzogtümern Steiermark, Kärnthen und Krain beisammen bleibe; Bidermann II S. 44. Es war also an die Möglichkeit einer Teilung der habsburgischen Gebiete durch einseitige rechtsgeschäftliche Verfügungen des Monarchen gedacht, welche zu einer andern Kombination als zu der den Kroaten erwünschten führen könnte.

[2] Hierüber Gerbers Grundzüge eines Systems des deutschen Staatswesens 3. Aufl. S. 6 A. 1, S. 187.

[3] Vgl. insbesondere die in der Instruktion Ferdinand I. vom 1. September 1537 entwickelte Bedeutung der kaiserlichen Hofkammer für die Königreiche, Land und Leute des Herrschers, Rosenthal; Die Behördenorganisation Kaiser Ferdinands I. S. 182.

[4] Rachfahl, Gesamtstaatsverwaltung S. 227. So hält sich Ferdinand I. kraft seines (wohl von Gottes und des Reiches Willen) tragenden Amtes als regierender Landesfürst verpflichtet, den eigennützigen Vorkauf im Viehhandel abzustellen; Buchholtz a. a. O. 8. Bd. S. 277.

[5] Tezner, Landesfürstliche Verwaltungrechtspflege S. 5 A. 1, S. 8 A. 4, S. 11 A. 15, 16, 17, S. 12 A. 17 b, c, S. 13 A. 13, 18, S. 14 A. 20, 24, S. 18, S. 42 A. 18a, S. 45 A. 28, S. 46 A. 33, S. 48 A. 33, S. 49 ff., 80 ff., S. 85.

die revisionelle, konstitutive Prüfung von Herkommen und Gewohnheit durch den Landesfürsten in voller Blüte[1].

Deshalb wird die epochale Wendung in der staatsrechtlichen Gestaltung des Ständestaates nicht durch den dreifsigjährigen Krieg, sondern durch die längstens im 16. Jahrhundert praktisch bethätigte Regalitäts- und die kanonische Privilegienlehre herbeigeführt, kraft deren einerseits der Fürst die staatliche Herrschaft in dem ganzen Umfange, in welchem ihm keine ständischen Privilegien entgegengesetzt werden, als jus regium an sich zieht, andererseits kraft dieses jus regium gegenüber jeder Art von Recht bis zu den Grenzen politischer Möglichkeit und bis zu den Grenzen seines eigenen dynastischen und politischen Interesses revisionell verfährt.

Kraft seines jus regium schafft der König, kraft des jus summi principis der Landesfürst schon im sechzehnten Jahrhundert Behörden zu seiner Beratung und zu seiner Vertretung in der Ausübung seines Herrschaftsrechts, welche nur ihm verantwortlich sind[2]. Es giebt nun aufser der Vernichtung der Ständeverfassung selbst kein Ereignis in der geschichtlichen Entwicklung des Ständestaates, welches sich an Bedeutung mit der Organisation der landesfürstlichen Mittel- und der Hofbehörden, wie wir denselben ganz besonders auf dem Gebiete der habsburgischen Monarchie schon im 16. Jahrhundert begegnen[3], messen könnte. Mittels dieser Organisation vollzieht sich die Befreiung der Verwaltung und Rechtspflege in weitem Umfange, namentlich aber auf dem Gebiete politisch bedeutsamer Angelegenheiten von der unmittelbaren Teilnahme der Stände, aufserdem aber auch die Centralisation der Exekutionsgewalt in den Händen des Monarchen und zum mindesten die principielle Unterwerfung der patrimonialen grundherrlichen Verwaltung und Rechtspflege unter die Kontrolle der landesfürstlichen Behörden[4]. Sofern man deshalb die abstrakte Staatsidee nicht in der Idee vom persönlichen Staate, sondern in der universalen Tendenz des jus regium erblickt, waltet dieselbe geraume Zeit vor dem dreifsigjährigen Kriege vor.

Ungenau ist es unter solchen Umständen, in dem jus regium eine blofse Renaissance der politischen Idee des antiken Principates[5] zu erblicken. Es scheidet sich von demselben

---

[1] Vgl. oben S. 36 f., 39 f., 54 f., Rachfahl, Gesamtstaatsverwaltung S. 143, 245 ff., 324; Kries a. a. O. S. 20 ff., S. 73.

[2] Unger a. a. O. S. 221, 274; Viroszil II S. 164; v. Below II S. 39; Tezner, Landesfürstliche Verwaltungsrechtspflege S. 35 A. 3, S. 39 f., S. 112 A. 40.

[3] Tezner, Der österreichische Kaisertitel, das ungarische Staatsrecht und die ungarische Publizistik S. 46 ff.; Rachfahl a. a. O. 2. Buch 3. Kapitel und 3. Buch 2. Kapitel.

[4] Tezner, Landesfürstliche Verwaltungsrechtspflege S. 62 ff., 80 ff.

[5] Unger a. a. O. S. 195.

formell durch seine individualrechtliche patrimoniale Struktur, materiell durch seinen gröfseren Gehalt an socialethischen, christlichen und germanischen Anschauungen entsprungenen Ideen.

Diese socialethischen Ideen sind aber, wie gezeigt worden ist, auch der (gleichfalls vor dem 30jährigen Kriege bethätigten) Auffassung der Stände von ihrer Rechtsstellung im Ständestaate nicht fremd. Mag auch ihrem Kampfe gegen die Zunftprivilegien ihr eigenes wirtschaftliches Interesse zu Grunde liegen, sie führen ihn doch, und zwar schon im 16. Jahrhundert, unter Berufung auf den gemeinen Nutzen, weil sie „zu Abpruch und Nachtheil gemainer Landt reichen und dienen"[1]. Die Bewilligungen und Kürzungen der Steuerpostulate erfolgen mit Rücksicht auf das Beste, den Nutzen und die Not des Landes[2]. Die Stände treten gegen die einseitige Verfügung des Herrschers über Land und Leute und gegen die Zulassung von Landesfremden zu den Landesämtern auf.

Die Unmöglichkeit, die den monarchischen Ständestaat beherrschenden politischen und staatsrechtlichen Ideen in einheitliche, widerspruchslose Formeln zusammenzufassen, äufsert sich auch noch in anderer Richtung.

Auf der einen Seite besitzt die Auffassung von der Stellung des Königs oder Landesfürsten als des Schöpfers und Bewahrers alles Rechts schon im 16. Jahrhundert die Kraft, den ständischen Dualismus zu überwinden, sofern der König oder Landesfürst von den Ständen selbst zur Entscheidung der zwischen ihnen entstehenden Konflikte angerufen wird[3], und sofern die Stände in Verleihungs- und Anerkennungsakten des Herrschers eine rechtliche Stütze erblicken im Kampfe gegen Anfechtungen und Verletzungen ihrer Rechte[4], welche nicht vom König oder Landesfürsten ausgehen.

---

[1] Tezner a. a. O. S. 73; Kries a. a. O. S. 80; v. Below, Territorium S. 272.

[2] v. Below II S. 33 f.; Kries a. a. O. S. 25 A. 13. Vgl. ferner v. Below, Territorium S. 264 ff.

[3] Rachfahl a. a. O. S. 292. Die Bemerkung auf S 65 meiner Verwaltungsrechtspflege, es habe sich der Kampf der Landesfürsten gegen die ständischen Privilegien in den Formen der Rechtspflege vollzogen, bedeutet ihrem Zusammenhange nach nichts anderes, als dafs auch die Rechtspflege als Mittel für die Abolierung oder Revision dieser Privilegien verwendet wurde. Vgl. auch a. a. O. S. 115 f. Die Behauptung, als hätte sich der Kampf gegen das Ständewesen nur in dieser unblutigen Form vollzogen, welche mir Rachfahl bei Schmoller S. 356 vorwirft, war damit nicht beabsichtigt. Allein selbst auf die blutige Unterdrückung der ständischen Erhebung in Böhmen unter Ferdinand II. folgt dessen Verfügung in der vernewerten L.O., dafs in allen Sachen des Fiskus den Ständen der Rechtsweg offen bleiben werde; v. Below, Territorium S. 272.

[4] A. a. O. S. 403. Nach den niederösterreichischen Hofratsordnungen Ferdinand I. soll der Hofrat „pan und acht aus unserer fürstlichen

Andererseits führt der das Ständewesen beherrschende Egoismus und die denselben fördernde Zerklüftung weit über den Dualismus hinaus bis zum Atonismus, zum schroffsten Individualismus, sofern zuweilen mit Erfolg der Einzelne seine Rechte nicht nur dem König, sondern auch der Landschaft als unantastbar gegenüberstellt wie der Einzige sein Eigentum der ganzen Welt. Und gerade diese Richtung erfährt, wie der Vergleich der Steuerpolitik Ferdinand I. mit jener Leopold I. in Schlesien[1] und die noch 1790 erfolgte Verbürgung der Unverletzbarkeit der Steuerfreiheit des ungarischen Adels durch Gesetz beweist, stellenweise nach dem dreifsigjährigen Kriege eher eine Verschärfung als eine Abschwächung[2].

Diese Thatsache findet ihre Erklärung in der während der ganzen ständischen Epoche bestehenden Koinzidenz der monarchischen und der ständischen Interessen, soweit es sich um Ausschliefsung der grofsen Masse des Volkes von jeglicher Teilnahme an staatlicher Thätigkeit handelt, worin das gröfste Hemmnis für die Herausbildung der abstrakten, organischen, persönlichen Staatsidee durch den Ständestaat zu erblicken ist.

Vermöge dieser Interessenkoinzidenz kann sich der Fürstenabsolutismus so weit entfalten, als er nicht die hochgeschätzten socialen und ökonomischen Vorrechte der einflufsreichen höheren Stände trifft. Auch um die Kammerverwaltung kümmern sich die Stände so lange nicht, als die Mifswirtschaft in derselben nicht zu finanziellen Zumutungen an die Stände führt. Dafür bleibt die in den Ländern der böhmischen Krone gegenüber den Städten gründlich gehand-

---

oberchcit" verleihen; Rosenthal, Die Behördenorganisation Ferdinand I. S. 211, 223; Tezner, Landesfürstliche Verwaltungsrechtspflege S. 71. Dagegen kommt der Personalunion von monarchischen und ständischen Funktionen in der Person des Vorsitzenden der Landschaft und anderer Landesbeamten, in der Mitwirkung des Herrschers zu ihrer Bestellung, ihren zugleich dem König und dem Lande geleisteten Eiden für die Überwindung des ständischen Dualismus darum keine Bedeutung bei, weil sie sich doch immer mehr als Repräsentanten der Stände wie des Herrschers fühlen. Vgl. hiezu v. Below, Territorium S. 271.

[1] Kries a. a. O. S. 73 verglichen mit S. 61 A. 10; Viroszil II S. 410, III S. 24 f.

[2] Ganz besonders das ungarische Ständetum schliefst die ständische Epoche mit Errungenschaften ab, welche seinen Besitzstand zu Beginn der ständischen Epoche weit überragen. In den Komitaten, welche den Ausgangspunkt für die Entwicklung eines Selfgovernment nach berühmten englischem Muster hätten bilden können, Viroszil II S. 235, 243 f., 264 A. d, 289 f., II S. 51 A. t, S. 104 f., übt der ständische Adel um diese Zeit eine wahre Paschawirtschaft, durch welche die Landbevölkerung in unerhörter Weise und schutzlos ausgesogen wird; Viroszil II S. 57 A. d, S. 284 A b, S. 408 A. h, III S. 94 A. x, y, S. 100 f. A. d, S. 104 A. g, S. 107 A. i, S. 112 A. l, S. 114 A., S. 138 A. n, S. 197 A. g, S. 209, 211, 213. Vgl. übrigens auch das liberum veto der Mitglieder des polnischen Reichstags.

habte Verwirkungstheorie[1] vor dem Steuerbewilligungsrecht des nunmehr fast nur aus dem hohen Klerus und dem Adel bestehenden Landtages stehen, die durch die Massenhinrichtungen in den ständischen Adel gerissenen Lücken werden durch Neuverleihung der Standschaft gewissenhaft wieder ausgeglichen; die Erhebung des ausgesogenen Bauernstandes gegen die Grundherren wird von den Landesfürsten vor wie nach dem dreifsigjährigen Kriege mit blutiger Strenge unterdrückt.

Infolge der Abneigung der Landesfürsten gegen einen stärkeren politischen Einflufs der Bürgerschaft und gegen jeglichen politischen Einflufs der Bauernschaft, infolge der hierdurch begründeten Abhängigkeit derselben von den höheren Ständen kommt den socialen und ethischen Vorstellungen von dem Berufe und Amte des Landesfürsten gerade gegenüber den schwersten Übelständen, mit welchen der kontinentale Ständestaat behaftet ist, eine mehr theoretische als praktische Bedeutung bei. Ein ernster Kampf gegen die die höheren Stände begünstigende Steuerverfassung und die ihre Grundlage bildende Agrarverfassung wird erst in dem Zeitpunkte unternommen, in welchem infolge des Steuer- und Agrarrechts des monarchischen Ständestaates dessen Lage politisch unhaltbar wird, was in einzelnen Staaten erst in der zweiten Hälfte des 18. Jahrhunderts der Fall ist. Dieser Moment bildet den zweiten Wendepunkt in der Entwicklung des Ständestaates, nicht aber der dreifsigjährige Krieg.

Bis dahin ist deshalb die finanzielle Lage der Herrscher eine ebenso demütigende als vor dem dreifsigjährigen Kriege, und es dauert der Einflufs der Stände auf die Modalitäten der Bemessung, der Hebung und der zwangsweisen Eintreibung in der gleichen Form fort, in welcher er vor dem dreifsigjährigen Kriege geübt wurde[2]. In Österreich vollzieht sich

---

[1] Vernewerte böhmische L.O. A. V. Schon nach dem schmalkaldischen Kriege vernichtete Ferdinand I. die Autonomie der böhmischen Städte, ohne bei den übrigen ständischen Kurien auf Widerstand zu stofsen; Elvert, Zur österreichischen Verwaltungsgeschichte S. 54. „Die ziemliche Unbeschränktheit der landesfürstlichen Macht glich man (in der vernewerten L.O. Ferdinand II.) durch die grofsen Vorrechte aus, welche den höheren Ständen geblieben waren oder eingeräumt wurden, wozu auch gehörte, dafs jedes Amt, welches über den Kanzleidienst hinausging, ausschliefsend den höheren Ständen vorbehalten war. Dafür sank der von den königl. Städten repräsentierte Bürgerstand, welcher von den früheren Viril- auf eine Stimme kam, zur völligen Unbedeutendheit herab und fand gegen weitere Beeinträchtigung nur bei der Regierung Schutz"; Elvert a. a. O. S. 172. Allein erst zum Ausgang des 18. Jahrhunderts wurde in Österreich infolge des verzweifelten Standes der Steuereinnahmen der Kampf mit den Steuerprivilegien des Adels ernstlich aufgenommen. Vgl. Kries a. a O. S. 61 A. 10, S. 62.
[2] Vgl. hiezu Widmer, Zur Geschichte des Stempel- und Gebührenwesens in Österreich, Zeitschrift für Volkswirtschaft und Verwaltung 6. Bd. S. 578 f., 589, 594, 597, 601, 603, 609, 617. Beispiele von Land-

die mit der gleichzeitigen Steuerreform in Zusammenhang stehende radikale Ausschaltung der Landesämter aus der Verwaltung und die Vernichtung des ständischen Einflusses auf die Verwaltung erst in den Jahren 1748 bis 1764, während auf dem Gebiete des Justizwesens sich das alte Verhältnis über diese Zeit hinaus erhält[1].

Da der Ausbruch der französischen Revolution die von den Fürsten ängstlich gemiedene Möglichkeit des politischen Einflusses gröfserer Volkskreise naherückt[2], so gewahren wir im Zeitpunkt derselben wieder eine stärkere Annäherung der Fürsten an die höheren Stände und ein Stocken der durch den Zwang der Verhältnisse hervorgerufenen Steuer- und Agrarreformen[3].

---

tagsschlüssen über Steuerpostulate aus der Zeit nach dem 30jährigen Kriege finden sich in Rieggers Materialien zur Statistik von Böhmen 10. und 11. Heft Miscellen. Die alten Reverse dauern fort, ebenso die Bestimmung des modus collectandi et exequendi durch Landtagsschlufs. Vgl. auch Elvert, Zur österreichischen Finanzgeschichte S. 329 ff., 348 f. 352, 362 f., 371, 375, 389, 302, 304 ff. Es scheint mir ein Widerspruch darin zu liegen, wenn Kries a. a. O. S. 61 A. 10, S. 62 die geringen Fortschritte in der Entwicklung des direkten Steuerwesens unter den späteren Habsburgern auf deren geringe Energie zurückführt und andererseits doch wieder S. 59 ff., S. 70 A. 3 darauf hinweist, dafs man sich nach dem dreifsigjährigen Kriege nicht mehr sonderlich um die den Ständen gegebenen Zusicherungen kümmerte. Das Schicksal der Agrar- und Steuerpolitik Josef II. beweist, dafs sowohl Kries als Rachfahl die politische Macht des Adels nach dem dreifsigjährigen Kriege unterschätzen, welche Macht durch die Unlust der Herrscher, sich auf die Städte oder gar auf die Bauern zu stützen und wohl auch durch die infolge vollständiger Entfremdung vom politischen Leben hervorgerufene politische Unfähigkeit dieses Teils der Bevölkerung gefördert wurde.

[1] Ein bemerkenswertes Beispiel dafür, wie durch die Sonderinteressen von Fürst und Ständen die staatliche Entwicklung an einen toten Punkt gelangt, über welchen sie nur durch gleichzeitige Vernichtung von Fürstenabsolutismus und Ständewesen hinübergebracht werden kann, bietet die Thatsache, dafs in Ungarn der ständischen Forderung nach einer Unterwerfung der Kammerverwaltung unter ständische Kontrolle im 19. Jahrhundert die Forderung nach dem Verzicht des Adels auf seine Steuerfreiheit von seiten des Königs entgegengestellt wird; Viroszil II S. 159 A. a. Warum die Stände ernsthaft an eine solche Kontrolle nicht denken konnten, darüber vgl. Kries a. a. O. S. 41, S. 51 A. 4, S. 52, 87. Übrigens persiflieren die absolutistischen Centralisten den Ernst der konstitutionellen Allüren der ungarischen Stände durch die Forderung, dafs die Teilnahme an der Gesetzgebung dem ganzen Volke eröffnet werden möchte; Viroszil I S. 285 A. k, Tezner, Der österreichische Kaisertitel u. s. w. S. 40 ff.

[2] An dieser Stelle ist auf den gemeinsamen Widerstand von Regierung und höheren Ständen gegen eine höchst bescheidene Verbesserung der Rechtsstellung der Städte auf dem böhmischen Landtag 1790/1793 zu verweisen; Toman, Das böhmische Staatsrecht und die österreichische Reichsidee S. 202.

[3] Die kümmerlichen vom ungar. Landtage 1790/91 beschlossenen Reformen sind selbst noch im Jahre 1848 auch nicht einmal annähernd ausgeführt worden. Vgl. auch v. Below, Territorium S. 60 f.

Der Schonung und Rücksicht, welche die Landesfürsten den socialen und wirtschaftlichen Vorrechten der höheren Stände angedeihen lassen, entspricht der Mangel oder die verhältnifsmäfsige Schwäche der Reaktion dieser Stände gegen einseitige organisatorische Akte der Landesfürsten, welche diese Rechte unangetastet lassen[1]. Freilich wird denselben der Weg zugleich auch durch die grofse technische Unvollkommenheit des Ständerechts geebnet[2], welche die Übertragung konstitutionell-rechtlicher Vorstellungen auf staatsrechtliche Vorgänge im Ständestaat gänzlich unstatthaft erscheinen läfst[3].

---

[1] Diese Indifferenz oder die Schwäche der ständischen Reaktion gegen die mitunter privilegienwidrigen organisatorischen Gesetze des Landesfürsten, dann aber auch die Initiative, die zuweilen von der einen ständischen Gruppe ergriffen wurde, um den Monarchen zur Abschaffung der Privilegien einer anderen, sei es ständischen, sei es territorialen Gruppe zu bewegen, lassen die Behauptung Rachfahls bei Schmoller S. 356, dafs man vor dem dreifsigjährigen Kriege solches Vorgehen des Monarchen sehr deutlich als einen Rechtsbruch empfand, als Übertreibung erscheinen. Die Schaffung der Centralbehörden für die österreichischen Territorien unter Ferdinand I. hat ebensowenig einen tiefgehenden Widerstand der Stände zur Folge wie die Beseitigung der böhmischen Hofkanzlei unter Maria Theresia.

[2] Rachfahl bei Schmoller S. 354 tadelt es, dafs ich für die Erklärung der im Texte angeführten grofsen Erfolge des Fürstenabsolutismus (unrichtig spricht Rachfahl vom abstrakten Staatsgedanken) der Unvollkommenheit des Ständerechts so viel Bedeutung beigemessen hätte. Allein dessen niedere Technik hat der schöpferischen Thätigkeit des Fürsten auf dem Gebiete der Centralisationspolitik die Wege in noch höherem Grade geebnet, als die niedere Technik des heimischen Privatrechts der Verbreitung des römischen. Kein Historiker, der den Sieg einer Rechtsordnung über eine andere zu erklären hat, wird die Technik der Waffen, mit der die sich bekämpfenden Ordnungen aufeinander stofsen, vernachlässigen dürfen. Unger a. a. O. S. 210 ff., Brie I S. 212; Rachfahl selbst in seiner Gesamtstaatsverwaltung S. 129, 257, 383 ff., 390, 402.

[3] Dieses unstatthafte Verfahren schlagen die neueren ungarischen Publizisten gegenüber den historischen österreichischen Centralbehörden ein, ungeachtet ihr Bestand durch Diätalartikel festgestellt erscheint; Tezner a. a. O. S. 70 ff. Um die Zeit des ungarischen Unabhängigkeitskampfes bietet sich uns die eigentümliche Erscheinung, dafs, soweit es sich um die inneren Verhältnisse Ungarns handelt, Einmütigkeit über die ausgesprochen ständische Natur der altungarischen Verfassung besteht und deren Vernichtung in der leidenschaftlichsten Weise gefordert wird, dafs dagegen von den aktiven Politikern der Kampf gegen die mittels des ständischen Staatsrechts nicht angreifbaren Centralbehörden im Namen der ausgesprochen konstitutionellen Natur dieser Verfassung geführt wird. Mittels dieser Unterstellung ist es gelungen, die Unabhängigkeitsbewegung im Lichte eines Kampfes ums Recht erscheinen zu lassen und jenen moralischen Eindruck hervorzurufen, dessen keine ernste politische Bewegung entraten kann. Sehr deutlich tritt uns dieses Doppelspiel entgegen in Deáks Beitrag zum ungarischen Staatsrecht auf S. 28, 111 ff., 141 f., 155, 187 f., 190, 204 ff., verglichen mit S. 22 f., 26, 71, 73, 105 f., 120, 127, 138. Über die ständische nichtkonstitutionelle Natur des altungarischen Verfassungsrechts

Gerade aber die Vervollkommnung der Verfassung ist im kontinentalen Ständestaat den Fürsten und den Ständen gleichmäfsig unerwünscht. Sie wäre nur möglich gewesen in der Richtung der abstrakten Staatsidee, deren Repräsentanten die Landesfürsten nie gewesen sind, in der Richtung des organischen und persönlichen Staates mit seinem der abstrakten Staatsidee entsprungenen Begriffe des konstitutionellen, gegenüber dem Herrscher wie den Ständen unverbrüchlichen[1], allgemein und unwiderstehlich wirkenden Gesetzes, mit seiner Tendenz nach scharfer, auf objektiven Zweckmäfsigkeitsgründen beruhender Abgrenzung zwischen monarchischen und parlamentarischen Kompetenzen. Das hätte auf seite der Fürsten politische, auf seite der Stände politische, sociale und wirtschaftliche Opfer gekostet, für welche keinerlei Neigung vorhanden war. Darum dauert der unsichere, fliefsende, einer Fassung nicht fähige Zustand des ständischen Staatsrechts, welches jeweils ein Spiegelbild der augenblicklichen Machtverhältniss darbietet, während der ganzen ständischen Epoche fort[2].

---

besteht in der Wissenschaft kein Zweifel. Unger a. a. O. S. 98, 251, 256, 296; Bluntschli, Allgemeines Staatsrecht 5. A. S. 48; Viroszil I S. 270 A. d, 286, 289, II S. 8 A. h, S. 56 A. b; Elvert, Zur österreichischen Verwaltungsgeschichte S. 342; Triepel, Die Entstehung der konstitutionellen Monarchie S. 3; Jellinek a. a. O. S. 639.

[1] Hiezu besonders v. Martitz, Über den konstitutionellen Regriff des Gesetzes, Zeitschrift für die gesamte Staatswissenschaft 36. Bd. S. 248, 258.

[2] Das aus den persönlichen Machtbestrebungen hervorgehende wechselseitige Mifstrauen von Herrschern und Ständen (vgl. Kries a. a. O. S. 57 A., Viroszil II S. 102 A. g, S. 260 A. c, v. Below III 2 S. 123) das Bedürfnis, der künftigen Machtentwicklung nicht durch klare Rechtssätze zu präjudizieren, erklärt die dem Ständerecht eigentümliche verklausulierte oder vage Fassung an sich wichtiger Privilegialbestimmungen. Bis in die letzte Zeit werden Regalien und Autoritäten einerseits, Herkommen und Gewohnheiten andererseits ohne fortschreitende Klärung des Umfangs der ersteren und Feststellung des Inhalts der letzteren einander gegenübergestellt und bis ins 19. Jahrhundert hinein ist die Verknüpfung der Genehmigung ständischer Beschlüsse mit dem Vorbehalte der Regalien üblich. Vgl. die Reserve im schlesischen Steuerprivilegium von 1498, wonach das Land zu steuern nicht verpflichtet ist, exceptis iis, quas de jure negare non possent; Unger S. 412 f.; Buchholtz a. a. O. 8. Bd. S. 301 f.; Kries a. a. O. S. 59, Tezner, Der österreichische Kaisertitel, das ungarische Staatsrecht u. s. w. S. 84. Die Darstellung Rachfahls in seiner Gesamtstaatsverwaltung S. 150 ff. stimmt, insofern sie S. 154 in dem Satze gipfelt: „So hatten sich fest geregelte Zustände innerhalb der Gesamtverfassung Schlesiens im 16. Jahrhundert herausgebildet," mit seinen eigenen Ausführungen auf S. 142, 144, 150 ff. nicht überein. Vgl. auch Viroszil II S. 402 und Jäger II 1 S. 13, 31. Unzutreffend ist deshalb auch der von Rachfahl bei Schmoller S. 355 zwischen diesem eigenartigen Rechtszustand und zwischen den Lücken des modernen Verfassungsrechts sowie den modernen Staatsstreichen gezogene Vergleich. Die modernen Verfassungskämpfe streben, soweit sie aus unklaren ver-

Die nachhaltigen, bis in die Gegenwart dauernden Wirkungen des Geistes und der Technik der ständischen Verfassung äufsern sich ganz besonders in Österreich. Dafs sich die Centralisation der Behörden für das ganze Gebiet der habsburgischen Herrschaft mittels der bedeutsamen Schöpfungen des Geheimrates, des Hofkriegsrates und der Hofkammer in unblutiger Weise durch einseitige Akte der Herrscher vollziehen konnte, dafs ehemalige Staaten der Stellung autonomer Provinzen eines Einheitsstaates genähert werden konnten, erklärt sich nur aus der eigentümlichen primitiven Natur der Ständeverfassung Aber gerade deshalb, weil diese Centralisation von oben herab mittels streng **landesfürstlicher** Behörden erfolgt, weil sie dekretiert worden ist, ist es bis zum

---

fassungsrechtlichen Bestimmungen entspringen, bewufster Klärung zu, und die Frage, ob Verfassungsverletzung vorliege, ist bei der unvergleichlich höheren Technik und Geschlossenheit des modernen Verfassungsrechts gegenüber dem ständischen unvergleichlich leichter zu lösen als die Frage, was jus regium, was jus regni sei? Es besitzt also das moderne Verfassungsrecht in technischer Beziehung vor dem ständischen den grofsen Vorzug der gröfseren Sicherheit in der Feststellung etwaiger Verletzungen, also gewissermafsen der gröfseren Unrechts-Sicherheit. Dann aber steht bei auftauchenden Zweifeln wenigstens der formale Inhalt der verfassungsrechtlichen Bestimmung fest, an welche sich der Zweifel knüpft. Im Ständestaate ist es aber in weitem Umfange schwierig, ja unmöglich zu bestimmen, wie denn in diesem oder in jenem Punkte die Verfassung lautet und ob sie überhaupt etwas darüber sagt? In höchst unbestimmter Weise beschwört der Landesfürst die guten, üblichen Gewohnheiten. Weil aber diese Gewohnheiten zum grofsen Teil der Entwicklung des Gemeinwesens entgegenstehen, also nicht löblich sind, und ferner wegen der in diesem Punkte herrschenden Rivalitäten unter den Ständen, kommt es im kontinentalen Ständestaate zu keiner Einrichtung für eine autoritative, der Ausdehnung des jus regium Schranken setzenden Feststellung des Inhalts der Gewohnheiten. Auch ist dem modernen Verfassungsstaat die Erscheinung, dafs in ganz denselben fundamentalen Staatsangelegenheiten der Herrscher innerhalb kurzer Zeiträume bald allein, bald unter Mitwirkung einer Versammlung verfügt, fremd, Unger a. a. O. S. 225 ff., 231 ff., 275 ff. Wenn nun v. Below, Territorium S. 259, zugesteht, dafs es im Ständestaate durch Jahrhunderte ein weites Gebiet staatlicher Angelegenheiten gegeben habe, auf welchem über die Zuständigkeit von Herrscher und Stände die Machtlage entschieden habe, und dafs der Inhalt der kodifizierten Ständerechte ein zufälliger und fragmentarischer gewesen sei, ferner auf S. 242, 255, dafs der Ständestaat eine Abneigung gegen eine klare kodifikatorische Austragung von Verfassungsfragen besessen habe, so gerät er durch die Billigung der Polemik Rachfahls gegen meine Ablehnung einer Annäherung der ständischen Verfassung an die konstitutionelle im Punkte ihrer eigenen Widerstandsfähigkeit a. a. O. S. 259 A. 1 mit sich selbst in schroffen Widerspruch. Kann wirklich ernsthaft ein Vergleich zwischen der altständischen und konstitutionellen ungarischen Verfassung im Punkte ihrer eigenen Widerstandskraft gegen eine einseitige, die Sonderstaatlichkeit Ungarns verdunkelnde Centralisationspolitik gezogen werden? Solche Vergleiche erwecken nicht nur ganz falsche Vorstellungen von der Technik des ständischen Staatsrechts, sondern machen auch die staatsrechtlichen Vorgänge im Ständestaat unverständlich.

heutigen Tage zu einer inneren, organischen Vereinigung der Teile nicht gekommen [1]. Allenthalben hat aber die Verknüpfung der Ständeverfassung mit der aus dem mittelalterlichen Feudalismus hervorgegangenen Agrarverfassung die Entfaltung wahrhaft staatlicher Thätigkeit auf seiten der Stände und die Umbildung der Landesämter in wahrhafte Staatsämter verhindert. Die Vereinigung der Repräsentation des Herrschers und der Stände mittels der Landesämter ist nur eine äufserliche, keine organische. Der Absolutismus macht ihr in dem Zeitpunkte, in welchem die Unbeweglichkeit und Gleichgültigkeit der Stände gegenüber unerläfslichen staatlichen Reformen den Höhepunkt erreicht hat, ein Ende. Darum entsteht nachher der Konstitutionalismus in Deutschland wie in Österreich als ein blofses Kunstprodukt. Die modernen Staatsämter bilden in ungleich stärkerem Grade eine Fortsetzung der landesfürstlichen Behörden [2] als Organe eines mo-

---

[1] Über merkwürdige, freilich alsbald aufgegebene Versuche Ferdinand I., eine organische Verbindung der habsburgischen Länder von unten aus zu fördern, vgl. Kries a. a. O. S. 33 A. 12; Bidermann I S. 5 f., 8 ff.

[2] Bezeichnenderweise heifsen noch heute in Österreich die staatlichen Behörden im Gegensatz zu den Behörden der Selbstverwaltung landesfürstliche Behörden. Diese landesfürstliche Bureaukratie ist im Ständestaate zwar nicht Träger der abstrakten Staatsidee, wohl aber in ungleich höherem Mafse ein Agens für socialpolitische Ideen als der Landesfürst selbst, der derselben, von wenigen Ausnahmen abgesehen, oft Zügel anlegt. Vornehmlich kommen hier die Kammerbehörden in Betracht. Im Dienste dieser Ideen sind die landesfürstlichen Beamten, und sogar die aus der hohen Aristokratie hervorgegangenen, die rücksichtslosesten Vertreter des Fürstenabsolutismus und die besten Hasser des Feudalwesens. Vgl. Hock-Bidermann, Der österreichische Staatsrat S. 18, 116 f.; Bidermann, Gesamtstaatsidee I S. 147 Nr. 92; Rachfahl, Gesamtstaatsverwaltung S. 270, 279; Tezner, Verwaltungsrechtspflege S. 166. Deshalb darf der Grund für die wirtschaftliche und kulturelle Rückständigkeit Ungarns unter dem absolutistischen Centralismus nicht, wie dies von seite ungarischer Schriftsteller und Politiker geschieht, in diesem selbst gesucht werden, sie erklärt sich vielmehr dadurch, dafs die wirtschaftlichen und kulturellen Bestrebungen der landesfürstlichen Behörden in der verrotteten, feudal-aristokratischen Komitatsverfassung auf ein Hindernis von so bedeutender Stärke stiefsen, wie ihnen ein solches anderwärts nicht begegnet ist. Wäre an Stelle Leopold I. Ferdinand II. Ungarn gegenübergestanden, dann hätte es Ungarn wirtschaftlich und kulturell, freilich aber auch staatsrechtlich ebensoweit gebracht als Böhmen; Bidermann a. a. O. II S. 5; Viroszil III S. 147, 213; Rachfahl a. a. O. S. 403 A. Das Sonderungsgefühl, welches das Staatsbeamtentum der konstitutionellen deutschen Staaten sowie die Parlamente und die Selbstverwaltungsorgane wechselseitig einander gegenüber empfinden, sowie die Scheidung zwischen Staats- und Selbstverwaltung, in welcher dasselbe seinen rechtlichen Ausdruck findet, stellt sich als Fortwirkung des ständischen Dualismus dar. Für England dagegen vgl. Gneist, Geschichte und Gestalt der heutigen Ämter in England 1857 S. 319, 334, 397, 661. In England ist die Selbstverwaltung die niedere Staatsverwaltung, die Staatsverwaltung die höchste Form der Selbstverwaltung.

narchisch organisierten Staatsvolks. Der deutsche konstitutionelle Monarch steht aufserhalb des Parlamentes, er steht diesem gesondert gegenüber und ist nicht caput parliamenti. So setzt sich der alte Dualismus in erneuerter Gestalt fort und er wird noch verstärkt durch den Gegensatz von Staats- und Selbstverwaltung, welcher dem englischen Staatsrecht fremd ist.

Demungeachtet mufs jeder Versuch, eine stärkere Verwandtschaft zwischen ständisch-monarchischem und konstitutionell monarchischem Staat nachzuweisen, als welche der allgemein herrschenden Vorstellung entspricht, an den einem solchen Versuche widerstrebenden, den Ständestaat beherrschenden politischen Ideen, an der Unbeholfenheit und Unvollkommenheit seiner Rechtsinstitute [1] scheitern.

---

[1] In ganz eigenartiger Weise ist die falsche Analogie zwischen den Rechtsinstituten des ständischen und des konstitutionell monarchischen Staates von den Schöpfern des sogenannten österreichisch-ungarischen Ausgleichs im Jahre 1867 zu Gunsten Ungarns ausgenützt worden. Die sogenannten österreichischen Staatsschulden waren aus den Schulden der ehemaligen kaiserlichen Hofkammer hervorgegangen, an welche verfassungsmäfsig auch die ungarische Hofkammer kraft des in ungarischen Diätalartikeln anerkannten Korrespondenz- od. Verrechnungsverhältnisses ihre Gebarungsüberschüsse abzuführen hatte. Die Hofkammerschulden waren also auch auf den Einnahmen des ungarischen Königs fundiert, auf deren Verwaltung die Stände Einflufs zu nehmen nur dann in der Lage waren, wenn ihnen wegen Unzulänglichkeit derselben Steuerbewilligungen oder Schuldübernahmen zugemutet wurden. Die Kammerschulden selbst konnte aber nach ständischer Auffassung der Herrscher für sich allein eingehen, da sie die Stände nichts angingen. Dieses Rechtsverhältnis haben sich nun die ungarischen Staatsmänner in den §§ 53, 54 G. A. XII: 1867 in folgender Weise zurecht gelegt: Aus der Thatsache, dafs wegen der patrimonialen Natur der fürstlichen Finanzverwaltung für die Bezahlung der Kammerschulden der König, nicht aber das Land zu sorgen hatte, dafs sie Kammer-, aber nicht Landesschulden waren, haben sie den Rechtssatz des konstitutionellen Staatsrechts gemacht, dafs der König als solcher Schulden nur mit Zustimmung der Stände gültig eingehen konnte. Deshalb haben sie den aus den Kammerschulden hervorgegangenen Staatsschulden jede verpflichtende Wirkung abgesprochen. Mit andern Worten: sie haben zwar die Aktiven des ständischen Kammerwesens für den modernen konstitutionellen Staat eingezogen, die Verstaatlichung der Passiven aber abgelehnt. Freilich die hiermit verknüpfte Folge, dafs nun der ungarische König zusehen möge, wie er mit den verfassungswidrig kontrahierten Schulden fertig werde, wurde nicht gezogen, vielmehr die ungeheuerliche Behauptung sollennisiert, dafs die ganze Staatsschuld ohne Rücksicht auf den Einflufs, den durch drei Jahrhunderte hindurch die Erhaltung und Verwaltung Ungarns auf ihre Höhe ausgeübt hat, rechtlich den nichtungarischen Ländern zur Last falle und dafs der Beitrag Ungarns zur Verzinsung derselben über das, was diesem Staate die Billigkeit und sein eigenes Interesse gebiete, nicht hinauszugehen habe! Es leuchtet ebenso ein, dafs Ungarn eine solche staatsrechtliche Theorie, wenn es ein isolierter Einheitsstaat gewesen wäre, zu proklamieren nie gewagt hätte, als dafs sie, soweit die Rechte der Staatsgläubiger in Betracht kommen, ganz bedeutungslos ist. Vgl. hierzu Herbst in der 61. und 63. Sitzung der

Man kann überhaupt sagen, dafs das politische Leben im Ständestaate seinen eigenen Weg geht und dafs, abgesehen von der Regalitäts- und der kanonistischen Privilegientheorie, die zeitgenössische Staatslehre sowie jene vorhergegangener Epochen demselben weit vorausgeeilt ist und ihn lange nicht so stark beeinflufst, als die moderne Staatslehre den modernen Staat[1].

X.

Die hier gebotene Untersuchung über das ständisch-monarchische Staatsrecht, welche mit dem Ergebnisse abschliefst, dafs die neueren historischen Arbeiten über diesen Stoff trotz ihres hohen geschichtswissenschaftlichen Wertes an dem staatsrechtlichen Urteil über das Wesen dieses Staatsrechts nichts oder wenig zu ändern vermögen, bietet einen geeigneten Anlafs zu methodischen Erörterungen für die geeignete Behandlung dieses Stoffes wegen des sich an demselben äufsernden Gegensatzes von Historikern und Juristen.

Der Historiker findet, dafs die Erfassung historischer Rechtsinstitute unter überwiegend juristischen, dafs somit die Behandlung des ständischen Staatsrechts unter überwiegend staatsrechtlichen Gesichtspunkten zu Fehlgriffen führe und methodisch vom Übel sei. Eine solche Behandlung lege die Versuchung nahe, die Thatsachen unter formaljuristische Gesichtspunkte zu zwingen, statt schlicht und sachlich nach den Quellen zu erzählen[2]. Unter allen Umständen unterliege die Arbeit des Juristen der Überprüfung und mafsgebenden Berichtigung durch den Historiker.

Nun wird es sicher keinem modernen Juristen einfallen, das Verständnis des Rechtes einer bestimmten Epoche aus dem

---

I. Session des gegenwärtigen österreichischen Reichsrates. Über das Verhältnis der ungarischen Hofkammer zur allgemeinen kaiserlichen Tezner a. a. O. S. 62, 65 ff., S. 69—78. Über die patrimoniale Natur des ungarischen Kammerwesens besonders § 14 ad Art. 47: 1545.

[1] So auch v. Below, Territorium S. 255, 256 A. 2.
[2] Der in diesem Punkte von Rachfahl bei Schmoller S. 359 gegen meine Landesfürstliche Verwaltungsrechtspflege erhobene Vorwurf wird durch jede Seite meiner Darstellung widerlegt. Da ich auf die Bestreitung der Legitimation des Juristen durch den Historiker gefafst war, so habe ich einen solchen Apparat von Quellenbelegen für meine Formulierungen entfaltet, wie ihn ein Historiker gegenüber Historikern nicht nötig hat. Andererseits glaube ich hier den Nachweis erbracht zu haben, dafs gerade Rachfahl eine weitgehende Modernisierung des ständischen Staatsrechts zur Last zu legen ist. Bemerkenswert ist, dafs auch v. Below Angriffen wegen allzustarken Vorwiegens der juristischen Betrachtungsweise in seiner Darstellung des ständischen Verfassungsrechts ausgesetzt gewesen ist. Vgl. Territorium S. XII.

positiven Rechtsstoff allein und nur mit Hilfe formaler juristischer Kategorien zu gewinnen ohne Kenntnis der psychischen und physischen Thatsachen, welche dieses Recht erzeugt haben. So stellt er sich nicht einmal zum Rechte der Gegenwart, um wie viel weniger zu den staatsrechtlichen Erscheinungen einer Epoche wie der ständischen, bei deren Bestimmung er, soweit es sich um die formelle Seite handelt, Schritt für Schritt auf Verworrenheit und Widersprüche stöfst.

Wenn aber die Materialienarbeit so gründlich als möglich vollbracht ist, so mufs in letzter Linie — und es gilt dies ebenso von historischem wie von modernem Recht — ihr Ergebnis mittels juristischer Kategorien verarbeitet, juristisch formuliert werden und ein Gegensatz in dieser Formulierung, wofern er sich an ganz denselben Stoff knüpft, bildet dann eine juristische und keine historische Kontroverse[2].

Von hier an kann deshalb keine Anfechtung erhoben werden gegen die Legitimation des Juristen, an einer solchen Kontroverse teilzunehmen, da doch dessen ganze Berufsbildung darin gipfelt, ihn über die äufsere, zuweilen täuschende Form hinweg zur Erkenntnis des inneren Wesens der rechtlichen Erscheinungen zu leiten und da er gewöhnt ist, in der Erkenntnis der inneren Verschiedenheit des äufserlich Ähnlichen einen Fortschritt seiner Wissenschaft zu begrüfsen.

Dieser Differenzierungstendenz des Juristen steht nun die durch juristische Skrupel nicht gehemmte Neigung des Historikers gegenüber, Vergangenes und Gegenwärtiges einander näher zu rücken, das Vergangene durch Beziehung desselben auf Gegenwärtiges zu veranschaulichen.

Und gerade deshalb erhält der Jurist von den Darstellungen des juristisch und besonders staatsrechtlich nicht gründlich genug vorgebildeten Historikers über das Staatsrecht vergangener Epochen den Eindruck, als würde, weil nicht nach den Quellen konstruiert, auch nicht nach den Quellen erzählt.

Der Jurist stöfst in diesem Punkt bei den hervorragendsten Historikern auf Widersprüche zwischen Konstruktionsstoff und Konstruktion. Er wird sich wegen der grofsen Akribie, welche ihm seine Wissenschaft in diesem Punkte auferlegt, zuweilen des Eindrucks nicht erwehren können, dafs die geschichtliche Forschung es bei der Darstellung historischer Rechtsinstitute mit der Ausfüllung der Lücken der Quellen, mit den auftauchenden Widersprüchen etwas zu leicht nimmt[3], dafs sie andererseits an Einrichtungen, welche das höchste Interesse

---

[1] Hierin steckt das grofse wissenschaftliche Verdienst der modernen historischen Forschung auf dem Gebiete des Ständewesens.

[2] v. Below, Territorium S. XII f.

[3] Ganz besonders ist dies, soweit die hier behandelte Materie in Betracht kommt, der Fall bei der Konstruktion der Landschaft als einer Korporation, als eines Rechtssubjektes, als einer Zwangsgenossen-

des Juristen erregen und dem Rechtszustande der Vergangenheit ein charakteristisches Gepräge aufdrücken, achtlos vorübergeht[1]. Auch die juristisch unzulängliche Weise, in welcher sich der juristischer Durchbildung entbehrende Historiker zuweilen rechtlich bedeutsame Thatsachen zurechtlegt, wird die gerechte Kritik der Juristen herausfordern[2]. Am stärksten aber wird der Jurist reagieren gegen die allzugrofse Entschiedenheit, mit welcher selbst hervorragende Historiker Begriffe des modernen und des allermodernsten Staatsrechts, wie Gesetz, Gesetzeskraft, Autonomie, Organ, Repräsentation u. s. w., mit einem scharf ausgeprägten Inhalt zur Kennzeichnung höchst schwankender, gegen eine juristisch vollkommene Erfassung sich spröde verhaltender Einrichtungen der Vergangenheit verwenden, wodurch die grofse Kluft zwischen Gegenwart

---

schaft. Wie wenig Schwierigkeiten bereiten in diesem Punkte dem Historiker die Sonderverhandlungen selbst mit einzelnen Landständen über die Steuern, der rasche Wechsel der an den Verhandlungen mit dem Landesfürsten Beteiligten innerhalb kurzer Zeiträume, der Mangel einer erkennbaren Organisationsordnung, die erfolgreiche Sezession der Mächtigen und Grofsen.

[1] So spielt die dem Verwaltungsjuristen geläufige justice retenue, durch welche alle fiskalischen Rechtsverhältnisse, die Rechtsverhältnisse der feudalen Obrigkeiten zur Krone und untereinander, sowie zu den Unterthänigen der landesfürstlichen Gerichtsbarkeit vorbehalten werden, in den historischen Darstellungen des monarchischen Ständestaates keine Rolle.

[2] Darum ist die sonst so wertvolle, von Bidermann geschriebene Geschichte der österreichischen Gesamtstaatsidee vom staatsrechtlichen Standpunkt aus nicht zu brauchen. Unter anderem legt Bidermann die Verleihung des Indigenats durch Landstände an landfremde kaiserliche Kommissäre als Anerkennung der Centralisationspolitik aus, während es sich darum handelt, die von den Ständen hierin erblickte Ungehörigkeit zu verdecken. Wie laienhaft ist ferner die Behauptung Ungers a. a. O. S. 431, es liege zwischen Rat der Stände und Zustimmung des modernen Parlaments im monarchisch konstitutionellen Staate, nur eine schmale Grenzlinie! Danach bestünde kein rechtlicher politischer Unterschied zwischen dem österreichischen Reichsrat in seiner ehemaligen Gestalt als verfassungsmäfsigem Staatsrat der Krone und in seiner gegenwärtigen Stellung als Parlament. Heutzutage weifs es jeder politisch Gebildete, dafs das konstitutionelle Gesetz das Centrum des reichgegliederten Systems der Rechtsinstitute des monarchisch-konstitutionellen Staatsrechts bildet. Da aber jegliches Rechtsinstitut Ergebnis historischer Entwicklung ist, so bedeutet eine falsche juristische Bestimmung derselben auch eine falsche historische Würdigung. In England hat es Jahrhunderte gedauert, ehe an die Stelle von Privileg und Petition die Bill trat, auf dem Kontinente mufsten Ströme von Blut vergossen werden, — man denke an Ungarn, — es mufste zuerst der ständische und dann der absolutistische Staat in Trümmer gehen, ehe die „schmale" Grenzlinie zwischen Rat und Zustimmung überschritten werden konnte, ehe der zur Entgegennahme des Rates der Stände und zu blofser Erledigung ihrer Beschwerden und Bitten verpflichtete Landesfürst durch den konstitutionellen Monarchen abgelöst wurde, der in weitem und umschriebenem Umfange an die vorgängige Zustimmung des Parlaments bei der Vornahme staatlicher Akte gebunden ist.

und Vergangenheit für den Unkundigen in täuschender Weise verdeckt wird.

Unter solchen Umständen dürfte sich der hier entwickelte Gegensatz in der methodischen Behandlung historischen Rechts im allgemeinen und ständischen Staatsrechts im besonderen durch folgende Erwägung erledigen:

Das stetige Wachstum der einzelnen Disciplinen in unseren Tagen in die Tiefe und in die Breite, die damit verknüpfte starke Arbeitsteilung macht die gründliche Beherrschung verschiedener und namentlich disparater Wissenschaften immer schwieriger. Es wird deshalb in der Regel das Bedürfnis nach Arbeitsvereinigung, welche überall entsteht, wo ein und derselbe Gegenstand wissenschaftlicher Behandlung nach verschiedenen Richtungen fähig ist, regelmäfsig durch die Kraft eines Einzigen nicht befriedigt werden können. Darum darf eine Verschiedenheit der Ergebnisse, zu welcher eine doppelte oder mehrfache, an denselben Stoff sich knüpfende wissenschaftliche Forschung führt, für keine der beteiligten Wissenschaften den Anlafs bieten, die von den ihrigen abweichenden Ergebnisse der anderen ohne weitere Prüfung als Folgen eines mit unzulänglichen Mitteln unternommenen Eindringens in ihr eigenes Gebiet oder einer Zuständigkeitsüberschreitung abzuweisen. Vielmehr erwächst aus einem solchen Gegensatz für jede der Wissenschaften, zwischen welchen er obwaltet, die Pflicht, gewissenhaft zu prüfen, ob und in welchem Umfange sie nachzugeben habe?

Hier nun ist die Revision der bisher herrschenden staatsrechtswissenschaftlichen Vorstellungen von dem ständisch-monarchischen Staate unternommen worden auf Grund der neuesten historischen Forschungen über die rechtlich bedeutsamen Vorgänge innerhalb desselben. Es wird nunmehr Sache der Geschichtswissenschaft sein, die Ergebnisse dieser Revision mit den ihr zu Gebote stehenden Mitteln[1] zu widerlegen oder, soweit dies nicht möglich ist, auch für ihr Gebiet als richtig zu übernehmen.

---

[1] Dazu rechne ich aber nicht die Behandlung aufliegender sinnstörender Druckfehler in einer staatsrechtlichen Darstellung als beabsichtigter Aufserungen des Autors, wie wenn etwa Rachfahl bei Schmoller S. 351 ernstlich mitteilt, ich hätte die Unterthänigen, die mittelbaren Unterthanen des Landesfürsten, merkwürdigerweise als „mittlere" Unterthanen bezeichnet! Ganz abgesehen davon, dafs, was mit der mittleren Unterthanschaft gemeint ist, aus S. 80 Zeile 1, 3, S. 81 Abs. 2 meiner landesfürstlichen Verwaltungsrechtspflege klar hervorgeht, so müfsten die Unterthänigen nach einer Abschätzung ihrer Rechtsstellung als die tiefsten oder untersten, nicht aber als die mittleren Unterthanen bezeichnet werden.

Printed by Libri Plureos GmbH
in Hamburg, Germany